Les ravages de l'envie au travail

Identifier et déjouer les comportements envieux

Éditions d'Organisation
Groupe Eyrolles
61, bd Saint-Germain
75240 Paris cedex 05

www.editions-organisation.com
www.editions-eyrolles.com

Du même auteur

Bénédicte Vidaillet (sous la direction de), *Le sens de l'action,* éd. Vuibert, 2003.

Bénédicte Vidaillet, Véronique d'Estaintot, Philippe Abécassis (sous la direction de), *La décision,* éd. de Boeck, 2005.

© Groupe Eyrolles, 2007
ISBN 10 : 2-7081-3753-0
ISBN 13 : 978-2-7081-3753-0

Bénédicte Vidaillet

Les ravages de l'envie au travail

Identifier et déjouer
les comportements envieux

EYROLLES
Éditions d'Organisation

AVERTISSEMENT AU LECTEUR

Tous les exemples et cas développés dans ce livre n'ont pas le même statut au plan méthodologique. La plupart sont tirés de recherches (les miennes ou celles d'autres chercheurs) et les données ainsi que leur interprétation ont fait l'objet d'un travail d'objectivation. D'autres sont liés à des interventions que j'ai pu faire en entreprise, interventions qui initialement ne portaient pas sur l'envie, mais m'ont conduit à ré-analyser les données à la lumière de cette émotion. Quelques cas enfin, plus subjectifs, sont liés à des situations organisationnelles dont je faisais partie. Ils ne peuvent être considérés comme des cas de recherche, mais doivent être pris comme de simples illustrations.

Par ailleurs, je souhaite continuer à explorer le rôle de l'envie dans les contextes professionnels et à recueillir de nouvelles données, c'est pourquoi je vous invite à partager vos réactions à la lecture de ce livre et à me faire part d'histoires et de cas que vous auriez vécus en lien avec ce sujet : b.vidaillet@free.fr

REMERCIEMENTS

Je remercie tout d'abord Grégory, qui m'a encouragée tout au long de ce travail. Ses dons pour dénicher les sources rares, sa présence intellectuelle et ses attentions constantes me sont infiniment précieuses.

Merci ensuite à mes amis et collègues qui se sont intéressés à ce travail, en particulier Christophe Vignon, qui a relu mon manuscrit avec une grande attention, et Isabelle Roussel-Gillet. J'adresse toute ma gratitude à Danielle Pailler : son écoute, sa perspicacité et sa bienveillance ont nourri ce travail au fil de nos échanges.

Je remercie Jean-Paul Kornobis, pour nos échanges sur René Girard, ainsi que Sylvie Boudaillez, Isabelle Baldet, Franz Kaltenbeck et Geneviève Morel, pour leurs enseignements au sein de Savoirs et Clinique et de l'ALEPH (Association Lilloise pour l'Enseignement de la Psychanalyse et de son Histoire).

Merci à ceux qui m'ont permis de disposer d'un cadre de travail fonctionnel et agréable, notamment Jean-Claude Werrebrouck, Maryline Noisette, Cécile Stevenin, Valérie Manche, Éric François, Marie-Lyse Lœb, Pascale Hébert, Garry Hequet et Christophe Olivier.

Ce livre n'aurait jamais pu voir le jour si certains n'avaient accepté, malgré le tabou qui pèse sur l'envie, de me raconter des « épisodes d'envie » vécus en contexte organisationnel et de m'aider à les analyser. Qu'ils en soient ici sincèrement remerciés.

Pour rester juste, je dois enfin remercier ceux, qui, sans le savoir, et vraisemblablement sans le vouloir, auront alimenté ma pensée, en me donnant l'opportunité d'observer leurs comportements dans les organisations dans lesquelles j'ai pu travailler ou intervenir et de les interpréter par le prisme de l'envie.

SOMMAIRE

IX

Chapitre 6

Repérer les occasions d'envier pour éviter la toxicité émotionnelle

TABLE DES CAS

ENVIEUX MOI ? JAMAIS !

Si vous avez ouvert ce livre, c'est que le sujet vous a interpellé. Les comportements envieux ou l'envie en contexte de travail…, il est probable que certains souvenirs se présentent immédiatement à votre esprit : tiens, lorsque j'ai obtenu cette promotion et que mon ancien collègue m'a fait la tête pendant des mois, sous prétexte qu'il la méritait autant que moi ! Et la tête de Dupont, lorsqu'il a appris que notre équipe avait fait les meilleurs chiffres de la région pour la troisième fois consécutive ! Il était vert. Et quand on a eu un audit, certains dans la filiale disaient : évidemment, comme on gagne nettement plus d'argent qu'eux, ils crèvent d'envie et veulent nous mettre des bâtons dans les roues…

Inutile d'aller chercher bien loin : dès que l'on évoque l'envie en contexte de travail, il apparaît rapidement que nous en avons tous fait l'expérience à un moment ou à un autre. Certes, ce sont toujours les autres qui sont envieux, jamais nous. Non, nous ne sommes pas assez vils pour cela… quoique, en cherchant bien… Rassurez-vous, cher lecteur, si vous avez du mal à vous souvenir d'épisodes au cours desquels vous avez été envieux vis-à-vis d'un collègue de travail, alors que, en revanche, vous viennent rapidement à l'esprit des exemples où vous-même avez été la cible de l'envie, ce n'est pas grave. Les psychologues appellent cela un « mécanisme de défense » : vous cherchez à protéger votre ego. Les psychanalystes vous diront : *« Normal, l'envie est un affect qui reste en partie inconscient, sauf lorsque l'on fait un important travail sur soi… et même dans ce cas, ce n'est pas gagné ! »* Les sociologues

1

souligneront que l'envie est taboue dans toutes les sociétés et que, par conséquent, il est très difficile de reconnaître que l'on puisse en être la proie. Quant aux théologiens, ils évoqueront l'exemple sanglant d'Abel et Caïn (Caïn, en proie à une féroce envie, tue son frère Abel, dont Dieu a préféré l'offrande à la sienne) et ne manqueront pas de souligner que l'envie est un terrible péché, qui figure d'ailleurs dans les Dix Commandements… Pas étonnant, après cela, que vous culpabilisiez à l'éventuelle idée d'avoir pu être envieux d'un collègue.

Et que disent les manuels de management ? Les livres de gestion des ressources humaines ? Rien. Absolument RIEN. Non seulement ils ne parlent pas du fait que vous puissiez, vous lecteur, ressentir un jour de l'envie au détour d'une situation de travail, mais ils n'envisagent même pas que ce vil sentiment puisse se manifester sous une forme quelconque dans un contexte professionnel. Vous y trouverez, en revanche, de nombreuses pages sur la motivation, sur la manière de stimuler ses équipes, sur l'évaluation du personnel et autres sujets, certes fort intéressants, mais de l'envie, point ! N'allez surtout pas imaginer que l'envie puisse être un moteur à la motivation, que l'émulation ait des points communs avec l'envie ou qu'une évaluation « injuste » puisse conduire un salarié à se sentir envieux ! Souvenez-vous de l'utilisation simpliste que l'on peut faire des écrits de Maslow : l'individu ne peut être motivé que par des motifs de plus en plus nobles et élevés, une fois que ses besoins primaires sont satisfaits, qu'il gagne assez d'argent et que l'organisation lui envoie régulièrement des signes de reconnaissance. Alors ne venez pas nous parler de ce sentiment mesquin, de cette émotion avilissante qu'est l'envie. L'envie n'est pas censée exister en entreprise, puisque l'on n'en parle jamais et qu'aucune théorie de management n'y fait allusion.

Pourtant, vous avez ouvert ce livre… Vous le savez bien, vous, que l'envie est bien là, tapie au sein des équipes de travail, cachée dans les sentiments ambivalents que nous portons à tel collègue qui évolue parallèlement à nous depuis des années, dissimulée derrière les réactions de ces salariés qui crient à l'injustice car ils n'ont pas obtenu une prime aussi élevée que d'autres… Alors, allons ensemble nous y intéresser de plus près.

L'ENVIE, GRANDE OUBLIÉE DES THÉORIES DE MANAGEMENT

Entrons tout de suite dans le sujet avec trois cas.

Cas 1[1] – C'était pourtant bien parti...

Il se déroule dans une structure de conseil créée par quatre amis. De forma-tion identique, d'un âge équivalent (une trentaine d'années), les quatre consul-tants ont des domaines de compétence complémentaires en management, en stratégie et/ou en organisation. Le projet de créer cette structure a été lancé par deux d'entre eux, Pierre et Guy, qui ont ensuite proposé à Béatrice et à Basile de les rejoindre, pour étoffer l'équipe et répondre à plus de missions.

La première phase, au cours de laquelle le groupe se constitue et élabore ses modes de fonctionnement, est assez euphorique. Les réunions, nombreuses, permettent de définir le positionnement du cabinet, le statut juridique des consultants et la stratégie de communication. La plaquette est élaborée rapi-dement tandis que d'autres missions sont décrochées et réalisées, souvent par groupe de deux.

Au bout de quelques mois, cependant, une tension s'installe au sein du groupe. Pierre évoque en réunion la *« nécessité de mettre en place des procédures pour attribuer les missions »*. Il se trouve en effet que les missions sont assez variées et que chaque consultant s'est plus ou moins spécialisé sur certaines qui correspondent mieux à ses goûts ou à ses compétences. De plus, les clients commencent à vouloir travailler à nouveau avec le ou les consultants avec lesquels ils ont déjà travaillé, ce qui est courant en conseil, où la fidélisation du

---

1. Données personnelles.

client et la personnalisation de la relation sont essentielles. Il faut ajouter à cela que certains consultants ont une politique commerciale plus active que d'autres. Enfin, les disponibilités des uns et des autres en nombre de jours ne sont pas identiques : Béatrice, par exemple, est sur d'autres projets et ne souhaite pas faire trop de missions.

Une conséquence directe de ces évolutions est donc que les missions ne sont plus réparties de manière égale. La réunion permet de soulever ce problème, mais le constat est qu'il est impossible de répartir les missions simplement par « ordre d'arrivée », car elles ne conviennent pas à tous et la demande du client d'avoir un consultant attitré doit être respectée. Pierre insiste cependant pour qu'une règle d'égalité soit mise en place. Le groupe finit par s'accorder sur le fait d'être vigilant à ce que les nouvelles missions soient réparties de manière à assurer des honoraires satisfaisants pour chacun.

Mais le problème n'est pas réglé pour autant. Dans les semaines qui suivent, un climat de suspicion s'installe : Pierre demande régulièrement à ses collègues sur quelles missions ils sont, combien de jours ils ont négocié, à quel taux, etc. C'est surtout Guy qui est la cible de son mécontentement. En effet, celui-ci est très sollicité par ses clients, et s'est spécialisé dans un domaine dans lequel Pierre n'a pas les compétences pour intervenir. Une nouvelle réunion ne fait qu'aggraver les choses : Pierre accuse Guy de ne pas faire en sorte de garantir des honoraires équivalents pour chacun, tandis que Basile et Béatrice s'estiment satisfaits de la répartition actuelle des missions.

À partir de ce moment, Pierre et Guy ne se parlent plus, Basile et Béatrice se sentent mal à l'aise face à ce conflit entre les deux fondateurs. Peu de temps après, tenant compte du climat délétère qui règne dans le groupe, les quatre consultants décident de dissoudre la structure.

Cas 2[1] – Le programme « Facteur gagnant »

L'aéroport international *lambda*, entreprise de service public, s'est fortement développé au cours des cinq dernières années, puisque le nombre de passagers a doublé sur cette période pendant que le fret augmentait considérablement.

Afin de faire face à cette évolution, l'équipe dirigeante décide de mettre l'accent sur la qualité du service client. L'objectif est de se préparer à la concurrence d'autres aéroports et d'éviter qu'un mauvais service ne conduise l'État à envisager une privatisation. Ils font donc appel à un cabinet de consultants chargés de modifier les systèmes de management pour atteindre cet objectif.

---

1. La description de ce cas s'appuie sur Stein (2000 a).

Les changements proposés concernent plusieurs volets, dont un programme de formation, le « Facteur Gagnant ». Ce programme se déroule régulièrement sur une journée et concerne tout le personnel. Certains employés y sont présentés comme des gagnants, héroïquement engagés dans un travail grandiose visant l'excellence du service client, et qu'il s'agit d'applaudir bruyamment dans cette réalisation. La journée se termine par une cérémonie au cours de laquelle des récompenses sont remises aux employés « exceptionnels ».

Un autre aspect du changement est de créer des « équipes service client » fonctionnant comme des cercles de qualité. Cependant, les relations au sein des équipes se détériorent progressivement : des tensions puis des conflits apparaissent et, au bout de deux ans, les groupes cessent de fonctionner.

Les dirigeants de l'aéroport commencent à douter de l'impact de la démarche globale et font faire un audit à ce sujet. Cet audit met en évidence un ensemble de perceptions négatives de la part tant des managers que des employés à l'égard de ce qui a été entrepris : c'est surtout le « Facteur Gagnant » qui attire les reproches et autour duquel s'exprime un malaise collectif.

Cas 3[1] – Une prestation gâchée

Dans une université, un groupe de professeurs décide d'organiser un séminaire de formation continue en dehors de leurs heures habituelles de cours, afin de permettre au département de recueillir de nouvelles ressources. Ils entreprennent donc ce projet : ils conçoivent la formation, en font la promotion et recrutent des participants.

Mais la réalisation en sera fortement perturbée : le service de restauration refuse de fournir des collations lors des pauses tandis que le service d'entretien décide de fermer les toilettes au moment des cours, sous prétexte de travaux d'entretien indispensables. Finalement, les participants sont furieux et insatisfaits de la prestation globale, en raison de ce qu'ils considèrent comme une très mauvaise organisation, qu'ils imputent au groupe de professeurs à l'origine de l'initiative. L'institution est discréditée auprès de ce public.

Quels points communs y a-t-il entre ces cas ? Apparemment peu, si ce n'est à chaque fois un gâchis humain et/ou financier, un projet entrepris dans l'enthousiasme qui finalement ne donne pas les résultats escomptés, de l'énergie dépensée en vain. Les situations diffèrent

---

1. Cas tiré de Halton (1994).

fortement *a priori* : le type de structure varie (une équipe de quatre personnes, une entité de plusieurs centaines de salariés, un département académique), le secteur d'activité également (cabinet de conseil, aéroport, université) et, surtout, la nature des problèmes posés semble bien spécifique à chaque cas. Dans l'un, il s'agit d'un problème personnel entre deux personnes qui conduit à l'éclatement de la structure. Dans l'autre, une démarche de changement n'est pas appréciée par les salariés et n'atteint pas les objectifs souhaités. Dans le dernier, enfin, il semble que plusieurs services d'une même institution aient un problème de coordination et de collaboration.

À première vue donc, il s'agirait de trois problèmes distincts. Pourtant, derrière cette apparente hétérogénéité, se trouve une caractéristique commune à ces situations : c'est l'envie qui est à l'origine des dysfonctionnements observés.

Cas 1 : l'envieux se nuit à lui-même

Dans le cas 1, les problèmes commencent lorsqu'il devient manifeste que les quatre consultants n'obtiennent pas les mêmes missions et notamment que Guy se distingue des autres, en parvenant mieux à fidéliser ses clients et à être sollicité pour de nouvelles missions. Pierre a du mal à accepter cette différence entre Guy et lui, différence qui met en relief une compétence de son collègue qui semble lui faire défaut. Tant que le groupe travaille en commun pour élaborer son positionnement, sa communication et décrocher les premières missions, sans que les compétences propres à chacun apparaissent, tout se déroule bien. Mais, au fur et à mesure que chacun se différencie des autres sur les missions réalisées et que certaines compétences de Guy prennent du relief, les remarques de Pierre montrent qu'il lui est impossible de supporter que l'un d'entre eux puisse ainsi se distinguer. C'est ici que nous pouvons réintroduire l'envie qui permet d'expliquer son comportement : il ne peut pas supporter la vue de son collègue qui, par sa réussite, le renvoie à ses propres limites. Il craint que Guy gagne plus d'argent que lui et soit plus reconnu que lui. Alors qu'il pouvait, au moment de la fondation du groupe, s'imaginer être semblable à Guy, voilà que l'évolution des missions et la demande des clients font apparaître une différence, qui prend d'autant plus de relief que Pierre s'était initialement senti comparable à Guy. C'est pourquoi ses tentatives vis-à-vis du groupe consistent à essayer de revenir à une situation « d'égalité », une situation où les différences n'apparaîtraient pas, ce qui est impossible. Il souhaiterait que Guy ne puisse pas bénéficier de la préférence de ses clients. Aussi demande-t-il que les missions soient réaffectées de manière égale. Il faut relever, dans ce cas, plusieurs éléments caractéristiques des situations où l'envie est présente.

L'envie, tout d'abord, s'accompagne chez Pierre d'une constante comparaison vis-à-vis de ses collègues. Celui qui cristallise son envie est celui avec qui la comparaison lui est manifestement défavorable, ce qui ravive chez lui une fragilité narcissique. L'envie est toujours la conséquence d'une comparaison ressentie par l'envieux comme négative pour lui.

De plus, l'envie, bien que très active dans ce cas, ne peut être dite. Il est en effet peu glorieux de s'avouer envieux et la position de Pierre est de revendiquer une égalité entre les consultants, au nom d'un plus noble principe de justice.

Une autre caractéristique ici est que l'envie conduit Pierre à une forte agressivité envers Guy et provoque, *in fine*, un gâchis humain et organisationnel puisque la structure éclate.

L'envie est une émotion d'attaque, susceptible de conduire l'envieux à nuire à l'envié, mais cela peut se produire sans que l'envieux cherche pour autant à se préserver lui-même. Ainsi, l'action de Pierre conduit à la disparition d'une structure qui lui assurait une activité régulière et a des conséquences nuisibles pour lui aussi.

Cas 2 : quand le système fait naître l'envie

Dans le cas 2, l'audit mené pour comprendre l'échec du changement entrepris à l'aéroport met en évidence le rôle négatif joué par le programme du « Facteur Gagnant ». D'après les employés interrogés, ce dernier glorifie ce qui est accompli par quelques individus, tout en ignorant le travail des autres. Certains, parmi ceux qui n'ont pas reçu de prix, ont l'impression que la cérémonie de remise des prix leur fait insulte en mettant à ce point en avant des personnes dont le travail et les réalisations ne leur semblent pas plus valables que les leurs. Au lieu de stimuler l'ensemble des employés et de rendre chacun fier de ce qui est accompli, les prix décernés à la cérémonie sont vécus comme une provocation.

Les personnes interrogées considèrent que le « Facteur Gagnant » conduit à séparer artificiellement le personnel en deux catégories : certains individus sont distingués comme des héros qui se comportent de manière idéale, tandis que les autres, majoritaires, se sentent frustrés, dévalorisés car leurs contributions ne sont pas prises en compte. Beaucoup finissent par reconnaître qu'ils ont ressenti de l'envie envers les bénéficiaires du prix, ce qui a créé des scissions au sein des équipes. De nombreux employés se sentent démotivés. Il n'est pas étonnant que l'amélioration du service client soit difficile à percevoir !

Dans ce cas, l'envie a envahi une grande partie du personnel et a de graves conséquences, là encore, sur le fonctionnement de l'organisation. À la différence du cas précédent, c'est le système de management qui organise la comparaison et met en scène les différences, en valorisant certains plutôt que d'autres, qui a introduit l'envie.

L'envie n'est donc pas ici propre à un individu taraudé par la comparaison et chez qui la réussite d'un autre réveille une fragilité narcissique. Elle est ressentie par la plupart des employés qui n'ont pas reçu de prix (même ceux qui en ont reçu remettent en question le nouveau mode de management), car le système introduit des comparaisons et des différences artificielles, qui ne correspondent pas à la réalité du travail effectué.

L'envie est une conséquence indirecte et paradoxale du nouveau système de management… pourtant introduit dans le but de valoriser le personnel et de le pousser à rechercher l'excellence dans le service client. Alors que, dans le cas 1, l'envie est liée à une caractéristique personnelle de l'envieux, dans le second, c'est le système qui, jouant sur les comparaisons, fait apparaître et met en scène des différences dévalorisantes pour certains. L'envie ne conduit pas ici à des comportements hostiles et agressifs, plutôt à une démotivation, à un retrait de certains salariés et à une ambiance de travail qui ne favorise pas l'esprit d'équipe.

Cas 3 : quand l'envie devient un phénomène de groupe

L'envie est encore à l'origine des comportements non collaboratifs des services de restauration et de maintenance. Ces derniers sont en effet en passe d'être supprimés, suite à un choix d'externalisation, et un appel d'offres a été lancé par l'institution pour les remplacer par des entreprises privées. Le département académique n'est, quant à lui, pas concerné puisqu'il correspond au cœur de métier de l'établissement. Les enseignants sont l'objet de l'envie des salariés touchés par la menace de disparition de leur service : il est insupportable à ceux-ci de voir le département académique entreprendre un nouveau projet dont eux-mêmes ne bénéficieront pas. Dès lors, l'envie les conduit à saboter le séminaire des enseignants en n'assurant pas le soutien logistique.

Cet exemple montre à quel point l'envie peut conduire à des comportements où il s'agit de nuire à l'envié, notamment de l'empêcher de jouir d'un bien, d'une ressource ou d'une qualité que l'on ne peut obtenir pour soi. Les actions entreprises par l'envieux ne visent alors pas à obtenir le bien en question, mais à en priver l'envié, à faire en sorte qu'il ne puisse en jouir. Ainsi, l'écart entre les deux est réduit et la comparaison est moins au désavantage de l'envieux.

Ce cas montre également que l'envie peut concerner tout un service (et même deux !) et se jouer entre entités d'une même organisation. Tout se passe alors comme si l'envie devenait un phénomène de groupe, auquel il est difficile d'échapper.

Ces trois cas prouvent bien que l'envie existe dans le monde du travail et qu'elle est susceptible d'avoir de vastes conséquences, parfois très préoccupantes, sur les structures où elle se manifeste. Elle peut concerner une personne en particulier, plusieurs collaborateurs ou tout un service. Elle conduit parfois à une démotivation, à un repli de l'envieux, mais elle peut aussi le pousser à agir violemment contre l'envié. Malgré son occurrence fréquente en entreprise et ses conséquences, parfois désastreuses, ce n'est pas à elle que l'on recourt pour expliquer les dysfonctionnements organisationnels auxquels elle conduit[1].

L'envie : pour comprendre autrement certains dysfonctionnements

C'est pourtant à l'envie que nous allons nous intéresser dans ce livre et plus spécifiquement à l'envie et aux comportements envieux en contexte de travail. Quand est-elle susceptible d'apparaître ? Quels en sont les ressorts ? En quoi certains systèmes et modes de management sont-ils susceptibles de la favoriser ou, au contraire, de la contenir ? Peut-on imaginer des univers de travail qui évitent son apparition ? Quelles sont les conséquences de l'envie ? Peut-elle agir comme un stimulant sans conduire à des comportements agressifs ? Certains moments de la vie organisationnelle sont-ils plus propices que d'autres au développement de cette émotion ? Voici quelques-unes des questions que nous allons aborder au cours de cette exploration.

Autant livrer d'emblée l'une des principales conclusions de cette enquête : lorsqu'on s'intéresse à l'envie en contexte de travail, on finit par en trouver de très nombreux exemples et par se rendre compte qu'elle est liée à beaucoup d'autres phénomènes organisationnels. Prendre en compte l'envie permet de comprendre différemment de nombreux aspects de la vie au travail et d'éclairer sous un nouvel angle certains comportements, problèmes et dysfonctionnements courants en entreprise. S'intéresser à l'envie, c'est regarder avec un œil nouveau ce qui se joue lorsque plusieurs personnes sont amenées à travailler ensemble, et donc à se regarder, à se comparer, à s'évaluer.

_____

1. Kets de Vries (1990 ; 2002).

Enfin, parler de l'envie c'est aussi parler de l'identité : qui suis-je par rapport à autrui ? Quelle est ma valeur ? Le contexte de travail est un lieu où cette question identitaire se pose en permanence et est entretenue par des systèmes de management qui favorisent la comparaison, fondamentale dans le déclenchement de l'envie.

La face obscure de la vie au travail

Pourquoi, malgré son omniprésence et ses effets bien réels en entreprise, l'envie est-elle habituellement si peu évoquée parmi les phénomènes organisationnels ? Pour quelles raisons est-ce qu'aucune théorie de management n'en parle ?

Tout d'abord, elle fait partie de ces émotions[1] qui révèlent la part d'ombre de chacun, à l'œuvre en contexte de travail, et sa présence dément les idéologies managériales inspirées d'une vision optimiste de l'être humain, capable de donner le meilleur de lui-même en entreprise et de trouver dans le travail une source d'épanouissement personnel. Certes, depuis une dizaine d'années a été largement relayée l'idée que puissent se manifester sur le lieu de travail des comportements moins nobles, dégradants et même sadiques : l'entreprise a ainsi été décrite comme un lieu de souffrance[2] et de perversion, où le harcèlement pouvait se manifester sous différentes formes, qu'il s'agisse de harcèlement moral ou sexuel[3].

Il faut toutefois noter que ces travaux sur l'entreprise ont, tout en reconnaissant la part d'ombre qui s'y trouve, contribué à isoler celle-ci. On trouve en effet du harcèlement en entreprise, mais il concerne des couples de pervers et de victimes. Le harcèlement au travail, qu'il soit moral ou sexuel, est considéré comme une perversion, punie par la loi, et dans laquelle on peut clairement distinguer ceux qui s'y adonnent.

---

1. J'emploie pour l'instant indifféremment les termes d'émotion ou de sentiment pour parler de l'envie, pour revenir ensuite (chapitre 1) sur une définition plus précise.
2. Dejours (1980).
3. Eiguer (1996) ; Hirigoyen (1998).

L'envie, un phénomène diffus

L'envie, bien au contraire, est un phénomène plus diffus et, c'est un postulat essentiel de ce livre, susceptible de concerner chacun d'entre nous, dès lors qu'il se trouve dans un groupe et y est soumis à la comparaison. Rien de tel que le lieu de travail pour réunir ces conditions. Rares sont ceux qui travaillent totalement seuls et ne se trouvent pas comparés, d'une manière ou d'une autre, à ceux qui travaillent avec eux, que ce soit pour obtenir une promotion, une prime, un poste, un simple mot de félicitation ou de reproche. Ce n'est pas l'envie pathologique qui nous intéresse ici, mais bien l'envie commune, celle qui est susceptible de concerner la plupart d'entre nous, de se manifester quand nous ne l'attendons pas : lorsque nous apprenons qu'un collègue vient d'obtenir une promotion, qu'un autre a été félicité pour telle réussite, que tel rayon du magasin dans lequel nous travaillons a fait un meilleur chiffre d'affaires que le nôtre, etc.

Accepter de reconnaître cette envie-là, c'est accepter tout d'abord de la reconnaître en nous. Il est facile de considérer que nous ne sommes pas et ne serons jamais un pervers prêt à harceler un salarié et, en conséquence, de reconnaître que la perversion existe en entreprise en tant que phénomène spécifique et circonscrit. Il est plus difficile d'admettre que l'envie y soit également présente, car il faut admettre, dès lors, que nous sommes également concernés.

Envie *vs* pouvoir

Contrairement à d'autres phénomènes, l'envie n'est pas considérée avec ambivalence. Le pouvoir, par exemple, a été abondamment étudié tant par les sociologues des organisations[1] que par les théoriciens du management[2]. La France apparaît même comme le pays dans lequel il aurait été le plus étudié[3].

---

1. Michel Crozier par exemple.
2. Henri Mintzberg par exemple.
3. Hofstede (1993).

Le concept de pouvoir est souvent utilisé, par les acteurs d'entreprise eux-mêmes, pour décrire ce qui s'y passe. Il est habituel de détailler, surtout dans certaines sphères, les comportements politiques, d'exprimer ses propres velléités de pouvoir ou de raisonner en termes de rapports de forces. C'est que le pouvoir, s'il peut conduire à des conflits et à des comportements répréhensibles, fait en même temps l'objet d'une grande considération : il est associé à la détention d'attributs valorisés, à des compétences de leadership et d'utilisation de réseaux, à des positions socialement valorisées. L'envie ne fait pas l'objet d'une telle ambivalence : en effet, reconnaître que l'on est envieux d'un tel, c'est implicitement reconnaître un sentiment d'infériorité... difficile à exprimer dans un contexte de travail, où les attentes de rôles et les injonctions à être performant sont omniprésents.

Envie et échec

Nous touchons là une raison fondamentale pour laquelle l'envie est si peu abordée en entreprise. Elle va en effet de pair avec l'échec, avec la frustration, avec l'idée que nous ne parvenons pas toujours à atteindre nos objectifs alors que d'autres y parviennent mieux. Elle peut s'accompagner d'une certaine culpabilité, de souffrance, d'un sentiment d'infériorité, autant d'aspects qui ne s'intègrent pas très bien au portrait habituel de l'homme ou de la femme d'entreprise.

La présence de l'envie n'est pourtant que le corollaire d'une société qui valorise la compétition, l'émulation, le dépassement de soi, la mise en scène de la réussite, notamment en entreprise. Parler de l'envie, c'est en partie évoquer le revers de la médaille. Tout le monde ne réussit pas et, même si l'on réussit une fois, on peut très bien échouer ou faire moins bien la fois suivante... et envier celui qui a fait mieux que soi. L'émulation et la compétition ne s'appuient-elles pas sur des processus psychologiques en partie communs avec ceux qui sont impliqués dans l'envie ? Mais tandis que l'émulation est valorisée, car elle est associée au succès, à l'excellence, à la « saine » rivalité, l'envie est méprisée, passée sous silence. En effet, elle évoque l'échec, l'infériorité, les difficultés à accéder à ce que l'on désire, la comparaison honteuse et, ultimement, la mesquinerie ; elle renvoie aux souffrances impliquées par le fait d'appartenir à un système qui attribue les places, distribue les ressources, distingue les uns plutôt que les autres. Regarder l'envie, c'est regarder les aspects peu glorieux de notre fonctionnement professionnel, c'est plonger dans les racines infantiles de nos comportements au travail.

L'envie, une émotion omniprésente

Pour toutes ces raisons, l'envie n'est jamais évoquée ou si peu, dans les livres de management. Si j'ai souhaité lui consacrer ce livre, c'est parce que j'ai progressivement pris conscience de sa présence quasi permanente et de ses effets paradoxaux sur les organisations. Plus je m'y suis intéressée, plus je me suis rendue compte que l'envie nous mène au cœur de nos propres fonctionnements en contexte professionnel et nous conduit à aborder la question du désir humain, du besoin de reconnaissance, du narcissisme, de la comparaison à l'autre.

Ce livre s'adresse à tous ceux – praticiens, chercheurs, consultants, personnes travaillant dans des organisations –, qui s'intéressent au rôle des émotions dans les dysfonctionnements qui ne manquent de se produire en contexte de travail et souhaitent contribuer à mettre en place des organisations plus saines pour ceux qui y œuvrent. L'objectif poursuivi ici est triple :

- montrer que, dans les organisations contemporaines, l'envie est une émotion omniprésente bien que taboue, qui se cache derrière des symptômes souvent associés à d'autres causes ;
- mettre en évidence qu'elle peut avoir des conséquences, le plus souvent graves et dysfonctionnelles, sur la vie organisationnelle, mais que ces effets ne sont pas systématiques ;
- analyser ce qui, dans le fonctionnement d'un système, est susceptible de la renforcer et de la transformer en une émotion toxique, durablement implantée.

J'espère qu'à la fin de sa lecture le lecteur pourra repérer sa présence derrière d'autres phénomènes courants dans la vie des organisations et mettre en place des solutions appropriées.

Chapitre 1

LA COMPLEXITÉ DE L'ENVIE

« Je sais ce qu'est l'envie. J'en connais le goût, l'odeur, la taille, le poids, les sensations physiques, le coût émotionnel et les implications spirituelles. Dans mon ordinateur personnel, l'envie est un virus. Elle a creusé une faiblesse dans mon caractère qui est à la fois d'une évidence flagrante et d'une subtilité infinie. De temps en temps, l'envie produit des réactions physiques et émotionnelles puissantes, mais parfois elle se cache dans l'obscurité de mon psychisme et orchestre les décisions que je dois prendre par moi-même. »

« Mais parce que je suis une droguée de l'envie, ce n'était pas suffisant de seulement vouloir ce qu'ils avaient. Je les enviais tellement que ça me faisait mal. Et je me sentais profondément nulle. C'était comme si je disparaissais doucement, comme si je devenais grise pendant qu'ils restaient en couleurs. Je ne pouvais pas me rappeler mes propres dons et mes talents (...). »[1]

Un processus psychologique complexe

Commençons par définir ce qu'est l'envie. La tâche n'est pas simple. Tout d'abord, elle est souvent confondue avec la jalousie dont elle se distingue pourtant clairement, comme nous le développerons plus loin. Plus fondamentalement, l'envie renvoie à un processus psychologique complexe, d'autant plus complexe qu'il n'est d'ailleurs pas toujours conscient pour l'envieux qui peut, parfois, être le dernier à attribuer son comportement à des motivations envieuses.

---

1. Citations, in Behm (2002).

L'envie a été décrite par les philosophes comme une « *passion* »[1] ou un « *état d'âme* »[2], par les moralistes comme un « *péché* » ou un « *vice* »[3], par certains psychologues comme une « *émotion* », par d'autres comme un « *complexe d'émotions* »[4], tandis que les psychanalystes la rangeaient dans les « *processus psychiques* » ou dans les « *affects* »[5].

Enfin, il n'est pas rare que l'on parle d'un sentiment d'envie ou d'un comportement envieux. La diversité de ces termes traduit, outre une évolution dans le vocabulaire utilisé pour décrire le psychisme humain et la plus ou moins forte connotation morale associée à l'envie, la complexité qu'il y a à cerner ce qu'elle recouvre.

Définition d'un épisode envieux

Si l'on demande à des personnes de décrire une expérience où elles ont ressenti de l'envie, elles se mettent en général à raconter une histoire qui commence par les circonstances dans lesquelles cela s'est produit, continue par la description des émotions ressenties, les tentatives faites pour réguler ces émotions puis les actions et événements conséquents et s'achève en expliquant ce qu'il en est actuellement, si l'envie a disparu ou non[6]. Ce qui est décrit correspond donc à un épisode émotionnel qui intègre des facteurs déclencheurs, des émotions proprement dites et des réactions comportementales à ces émotions, et semble une unité d'analyse pertinente pour comprendre l'envie.

Il semblerait donc assez juste de dire que l'envie est un processus psychologique qui peut être analysé à différents moments : on peut s'intéresser à ce qui la déclenche, à ce qui est ressenti par la personne

---

1. César Ripa, *Traité des Passions* (1663), in Hassoun-Lestienne (1998 a, p. 16). On retrouve ce terme entre autres chez Rousseau, Spinoza, Adam Smith, Tocqueville et Hobbes.
2. Kant E. (1785/1983).
3. Rousseau J.-J. (1762/1966).
4. Parrott (1991), Salovey et Rodin (1989), Parrott et Smith (1993).
5. Klein M. (1968). Psychanalyste de l'école psychanalytique anglaise qui s'est la première intéressée à l'envie dans les années 1950.
6. Parrott (1991).

envieuse, à la manière dont celle-ci gère ses émotions, ou aux comportements qu'elle engendre. Aussi serons-nous amenés, dans ce livre, à nous intéresser à différents aspects de l'envie en contexte de travail et utiliserons-nous alternativement les termes d'émotion(s), de motivations envieuses, de comportement envieux, de sentiment envieux, d'expérience d'envie, selon ce qu'il s'agira de mettre en lumière.

Une émotion qui peut rester inconsciente

Si l'envie est difficile à cataloguer, c'est entre autres parce que, contrairement à la peur ou à la colère, par exemple, qui s'accompagnent de manifestations physiologiques et de réactions bien précises communes à la plupart des individus, on observe une assez grande variabilité dans la manière dont les individus peuvent en faire l'expérience et dans les comportements qui en découlent[1].

De plus, il n'est pas rare que l'envie ou les sentiments associés, tels que, par exemple, l'hostilité ressentie à l'égard de la personne enviée, soient en partie inconscients chez l'envieux lui-même[2]. Dans ce cas, le comportement de celui-ci peut être motivé par l'envie sans même qu'il s'en rende compte.

Le recours à des termes liés aux émotions dans la vie courante a souvent pour objectif d'expliquer le comportement d'autrui. Le mot « envie » peut être utilisé dans ce sens : quelqu'un peut être qualifié « d'envieux », si son comportement semble pouvoir être attribué par d'autres à de l'envie. Il peut alors n'y avoir aucun lien entre ce que ressent consciemment la personne et le fait que son comportement puisse être motivé par de l'envie[3]. La personne concernée peut ainsi être la dernière à attribuer son comportement à de l'envie alors que cela peut sembler assez évident à un observateur extérieur. Par exemple, si Monsieur X obtient une promotion et pas Monsieur Y, il se peut

1. Parrott (1991).
2. C'est ce qu'a notamment démontré Mélanie Klein (1968). La dimension de l'envie comme potentiellement inconsciente a été reprise par de nombreux psychologues sociaux.
3. Silver et Sabini (1978 a).

que ce dernier déclare que la personne promue l'a été parce qu'elle était obséquieuse avec sa hiérarchie. Monsieur Y ressent de la colère. Supposons que Monsieur Y ait des collègues et que ceux-ci considèrent que Monsieur X, non seulement n'a jamais manifesté le moindre comportement obséquieux, mais a surtout fait preuve de ses compétences et de ses qualités professionnelles. Ils pourraient alors interpréter les propos de Monsieur Y comme dus à de l'envie[1]. Dans certains cas de ce livre, le concept d'envie sera donc mobilisé comme explication à un comportement sans que la personne elle-même reconnaisse ou soit consciente de la ressentir. Ainsi, dans le cas 1, le comportement de Pierre devient compréhensible, si l'on introduit l'hypothèse qu'il est envieux à l'égard de Guy, sans cependant qu'il ait lui-même reconnu ressentir de l'envie. Bien au contraire, ses propos montrent qu'il semble réellement convaincu de la nécessité de trouver des règles équitables de partage des missions, alors que, pour les autres collaborateurs, il ne semble pas y avoir de problème sur ce point.

Une manière de mieux comprendre ce qu'est l'envie consiste à se demander comment les individus en font l'expérience : sur quels aspects de la situation se concentrent-ils ? Comment y réagissent-ils ? Que ressentent-ils ? Ces éléments contribuent à l'expérience émotionnelle de l'envie.

Je vais maintenant essayer de mettre en lumière les principaux éléments qui nous serviront dans la suite de ce livre, lorsque nous réfléchirons à une déclinaison particulière de l'envie : quand elle intervient dans les contextes professionnels.

La comparaison à l'autre au cœur de l'envie

L'envie passe par le regard

L'envie a pour origine le verbe latin *invidere,* qui signifie « *regarder d'un œil malveillant* ». Il y a clairement, dans l'étymologie de l'envie, la référence au regard (*videre* : voir) : l'envie est déclenchée par la vue

---

1. Silver et Sabini (1978 b).

18

d'un autre, un autre qui détient quelque chose que n'a pas l'envieux, qui souhaiterait soit l'avoir pour lui-même, soit que l'envié s'en trouve privé. Ce « quelque chose » que détient l'un et pas l'autre doit être entendu au sens large : possession, bien, qualité ou ressource. Dans certains cas, la simple vue du bonheur ou de la bonne santé d'autrui peut être à l'origine de l'envie.

À ce stade, remarquons que l'envie se produit toujours dans un cadre social : pour qu'elle se développe, il faut qu'il y ait au moins deux personnes. L'on envie toujours quelqu'un, l'envie est donc dirigée vers un autre, ce qui la distingue d'émotions comme la tristesse ou l'angoisse par exemple, susceptibles de se manifester sans être reliées à un objet spécifique. L'envie implique toujours une forme de relation interpersonnelle, elle est liée au rapport avec autrui, mais c'est un rapport où l'on ne souhaite pas entrer en relation, contrairement à l'amour, à l'amitié ou à la colère. *« Sans cible, sans victime,* [ce sentiment] *ne saurait naître. »*[1] Nous avons donc toutes les chances de retrouver l'envie dans les contextes comme l'entreprise ou tout autre type d'organisation, puisqu'une organisation implique systématiquement plusieurs personnes et constitue bien un cadre social.

Une comparaison qui fait mal

Au cœur de l'envie se trouve la comparaison à l'autre, la comparaison sociale. Dans toutes les définitions que l'on peut trouver de l'envie, c'est la vue de l'autre et la comparaison à celui-ci qui engendrent l'envie. Cette comparaison, défavorable à l'envieux, active chez lui un sentiment d'infériorité[2].

Il faut ici souligner l'importance et la permanence de la comparaison sociale dans nos vies. Une grande partie de l'estime que nous nous portons s'appuie sur la comparaison aux autres[3]. Pour savoir ce que nous

---

1. Schoeck (1966, p. 15).
2. Alberoni (1995), Hassoun-Lestienne (1998 a), Parrott (1991), Schoeck (1966).
3. Ce constat est à la base de la psychologie sociale : Festinger (1954), Tesser et Campbell (1980).

valons, nous nous comparons aux autres. Ce processus commence dès l'enfance, où la comparaison se fait par rapport à un frère, à une sœur, à un cousin, à un voisin, à un camarade de classe. Et il continue toute la vie, par rapport aux voisins, aux collègues de travail, aux amis, etc. Pour penser à nous-mêmes ou nous penser nous-mêmes, nous avons besoin de cette confrontation à l'autre, à ce qu'il est, à ce qu'il a et à ce qu'il fait. Lorsque la comparaison à autrui fait apparaître comme moindres nos compétences, nos réalisations ou nos biens, il se peut que notre estime de nous en soit affectée et qu'il y ait alors un potentiel pour l'envie. La comparaison sociale peut aussi appeler l'envie en nous faisant prendre conscience de ce dont nous sommes privés ou que nous n'avons pas.

L'envie n'est cependant pas la conséquence automatique d'une différence entre deux personnes, mais de la manière dont cette différence est perçue et interprétée par la personne « désavantagée ». Ce n'est donc pas la comparaison en soi qui est essentielle, mais les conclusions que l'envieux en tire quant à sa propre représentation et à sa propre valeur. Une étude portant sur les variables de personnalité liées à l'envie[1] montre que le fait d'avoir tendance à se sentir inférieur aux autres et à construire le succès d'un autre comme une perte ou un échec personnel, plutôt que comme un gain dont on peut aussi bénéficier, du fait de l'appartenance au même groupe, prédispose à être envieux.

Un autrui semblable à soi

Dans l'envie, la comparaison qui fait mal ne se fait pas par rapport à n'importe qui. C'est une comparaison sociale qui a pour objet avant tout nos semblables, nos pairs, ceux qui sont proches de nous et auxquels nous pouvons nous comparer. Ce point fondamental a été repéré depuis longtemps par les philosophes. Ainsi, Aristote, dans *Éthique de Nicomaque* et dans *Réthorique,* souligne déjà ce point : l'envie s'observe de manière flagrante dans les groupes de pairs. Spinoza[2] attribue cette

---

1. Smith, Parrott et Diener (1990).
2. Spinoza (1677/1988, livre III).

caractéristique au fait que les désirs de chacun sont conditionnés et donc limités par son appartenance à un groupe. Des travaux plus contemporains de psychologues sociaux constatent bien que l'envie s'adresse avant tout aux personnes proches, en termes de caractéristiques sociales. Pour que l'envie survienne, il faut que l'envié puisse s'identifier à celui auquel il se compare désavantageusement[1]. L'identification à la personne enviée est fondamentale ici.

Cette caractéristique peut être rapprochée de ce qui a été dit précédemment du lien entre envie et sentiment d'infériorité. L'envie a plus de chances de se produire quand l'écart entre nous et autrui peut être plus facilement attribuable à nos limites qu'à des facteurs extérieurs. Or, un écart entre nous et des personnes très différentes ne suggère pas que nous soyons inférieurs, alors qu'un écart entre nous et des personnes comparables sur des aspects caractéristiques peut être plus facilement interprété comme la preuve que nos moindres qualités, plutôt que des facteurs extérieurs, sont à l'origine de l'écart. Ainsi, les gens n'envient pas quelqu'un de très supérieurement riche, car l'écart entre eux ne peut être considéré comme soulignant leur échec et leur responsabilité dans celui-ci[2]. L'envié est donc un *quasi semblable à soi*[3], chez qui une différence prend un relief considérable. Cette différence renvoie alors l'envieux à ses propres limites, à ses insatisfactions, à ses échecs ou à ses manques. Elle réveille en lui les frustrations liées à des désirs non réalisés, à des projets non aboutis, à des biens non obtenus. Cette différence est pour lui insupportable.

Envie et identité

Si l'envie peut nous ébranler, c'est qu'elle touche profondément à notre identité, à ce que nous sommes, à ce que nous voudrions être, à ce que nous croyons être, à ce que nous ne parvenons pas à être. Si la comparaison sociale aboutissant à l'envie ne se fait pas avec n'importe qui, elle

1. DePaola (2001), Parrott et Smith (1993).
2. Silver et Sabini (1978 b).
3. Hassoun-Lestienne (1998 a).

ne se fait pas non plus dans n'importe quel domaine. L'envie se joue sur des domaines qui sont identitairement importants pour l'envieux.

Une expérience révélatrice

Dans une expérience réalisée par des psychologues sociaux[1], des étudiants passent des tests dans un domaine qui est soit très important, soit peu important, dans leur manière de se définir. Plus précisément, le domaine en question est lié à leur choix de carrière ou en est, au contraire, très éloigné. Ensuite, les expérimentateurs leur demandent s'ils souhaitent avoir un retour sur leurs résultats. Tous les étudiants acceptent. À certains, les expérimentateurs donnent un feed-back négatif : leur performance est inférieure à la moyenne. Aux autres, ils donnent un feed-back positif : leur performance est supérieure à la moyenne. En fait, les résultats communiqués n'ont rien à voir avec les résultats réels. Il s'agit simplement d'avoir à ce stade quatre groupes d'étudiants :

- ceux qui ont l'impression d'avoir échoué dans un domaine identitairement important pour eux ;
- ceux qui ont l'impression d'avoir échoué dans un domaine identitairement peu important pour eux ;
- ceux qui ont l'impression d'avoir réussi dans un domaine identitairement important pour eux ;
- ceux qui ont l'impression d'avoir réussi dans un domaine identitairement peu important pour eux.

Ensuite, tous les étudiants ont la possibilité d'interagir avec un autre étudiant, sur lequel on leur communique une information (manipulée, là encore, par les expérimentateurs) : cet étudiant a très bien réussi dans un domaine qui est relié ou non à leurs propres aspirations.

Les résultats de l'expérience montrent que les personnes ne ressentent de l'envie à l'égard de ce « rival » que dans un seul cas : celui où les étudiants ont reçu un feed-back négatif sur leurs performances dans

---

1. Salovey et Rodin (1984).

un domaine qui est central dans leur définition d'eux-mêmes (métier choisi) et peuvent ensuite rencontrer un autre étudiant qui est censé exceller dans ce domaine.

Il apparaît également qu'il est beaucoup plus fréquent, dans ce cas, que les étudiants cherchent à dénigrer ce rival, ressentent de la tristesse et de l'anxiété à l'idée de le rencontrer et ne souhaitent pas sympathiser avec lui.

L'identité professionnelle : au cœur de notre identité

Cette étude confirme que l'envie se joue sur des aspects identitairement importants pour l'envieux.

Il semble que cela ne soit pas le cas chez les jeunes enfants, qui ressentent de l'envie dans un éventail de domaines plus larges et moins liés à leur définition d'eux-mêmes[1]. Il suffit d'ailleurs d'observer des enfants pour se rendre compte de la fréquence des épisodes d'envie chez eux, épisodes susceptibles de se déclencher sur n'importe quel domaine. Ainsi une petite fille pourra-t-elle être envieuse de son frère qui a reçu un camion et en vouloir un à son tour.

En revanche, en grandissant, l'envie se développerait essentiellement dans les domaines dans lesquels la personne se construit identitairement. Cet aspect est, là encore, essentiel pour nous, qui allons explorer cette émotion dans le contexte du travail, car l'identité de chacun se construit plus ou moins fortement autour de l'identité professionnelle. Ce n'est d'ailleurs pas un hasard si, dans l'expérience décrite ci-dessus, les expérimentateurs ont choisi l'univers professionnel pour représenter un domaine identitairement important. De plus, comme dans cette expérience, il nous est régulièrement fait, dans notre sphère professionnelle, un retour – plus ou moins juste, mais là n'est pas la question – sur nos performances, tandis que les pratiques d'évaluation et de mise en valeur de certains désignent à coup sûr les rivaux potentiels. Une conséquence assez immédiate de ces caractéristiques est que nous risquons de trouver de l'envie dans l'univers professionnel !

---

1. Parrott (1991).

Envie et désir

L'un des piliers de l'envie est donc la comparaison à autrui. Le deuxième pilier est lié au désir[1] : c'est d'ailleurs l'un des sens du terme « envie ». Alors que les définitions les plus anciennes de l'envie insistent sur la malveillance, l'hostilité et la haine envers la personne enviée, il semble que se soit développée, à partir du XIIe siècle, l'idée de « désir » de quelque chose[2]. C'est d'ailleurs, dans le discours courant, le principal usage qui est fait du terme « envie ». On parle ainsi « d'avoir envie » d'aller au cinéma, de manger une glace, de changer de métier ou d'acheter une nouvelle voiture. C'est que ce sens du mot « envie » n'est pas tabou, il est même très utilisé dans la publicité et le marketing pour nous stimuler : « l'envie de vrai » se rapporte ainsi à un fromage ; « Géant. J'ai envie. » devient le slogan d'une chaîne d'hypermarchés et « Envy » le nom d'un parfum.

Ce n'est pas ce sens courant qui nous intéresse ici, puisqu'en nous penchant sur les comportements envieux au travail, c'est bien de l'autre « envie » dont nous parlons. Il n'y a, en effet, aucune ambiguïté dès lors que l'on utilise les termes « envieux » ou « envieuse ». Mais, dans ce sens de l'envie, il n'en reste pas moins vrai que la dimension désirante est bien présente. L'envieux désire ce qu'a l'autre, ce que l'autre ou le système lui désignent comme désirable.

Le contact avec les autres nous stimule, nous pousse à vouloir plus. La référence étymologique à la vue dans l'envie (*videre* que l'on retrouve dans *invidia*, envie) a ici aussi son importance : la vue de l'autre, des objectifs qu'il poursuit et de ce qu'il souhaite avoir, agit comme un stimulant qui nous conduit à vouloir pour nous ces réalisations et ces biens. L'être humain se développe en partie par imitation et ce que l'autre valorise et désire lui indique ce qu'il faut valoriser et désirer[3].

---

1. À ce stade, le terme « désir » revêt le sens courant d'aspiration, de souhait.
2. Rey (1998).
3. C'est un postulat fondamental de la théorie du désir mimétique, développée par l'anthropologue René Girard. J'utiliserai cette thèse à d'autres moments de ce livre, notamment au chapitre 3.

Mais ce que l'on désire, on ne parvient pas toujours à l'obtenir et l'activité désirante se heurte alors à des frustrations. Si l'autre réussit là où nous échouons, s'il obtient quelque chose qui nous renvoie à notre propre échec, à nos propres manques, alors il se peut que, face à ce manque ou à cette frustration insupportables, nous souhaitions que l'autre ne puisse jouir de ce qui nous est refusé.

Une émotion violente et douloureuse

Venin de l'envie

De quelle manière l'envie a-t-elle été représentée ? Dans l'iconographie qui lui est associée, elle est souvent personnifiée sous les traits d'une femme portant un collier de serpents[1] ou faisant sortir de sa tête un serpent qui se retourne sur elle, embrassant sa propre bouche. Dans un manuscrit du début de la Renaissance, elle est représentée par une femme qui ronge son propre cœur[2]. L'Envie est un poison qui se retourne contre l'envieux, dans un mouvement d'autodestruction. La pertinence de cette représentation est corroborée par les recherches en psychologie et en psychanalyse.

L'envie y est en effet décrite comme une émotion très forte, extrêmement négative, qui produit initialement une impression de « sidération » chez l'envieux. Elle survient brutalement, souvent par surprise, et envahit son espace psychique. C'est ainsi que l'on peut qualifier de « morsure d'envie » le processus par lequel l'envieux en est soudain saisi. « *L'envie nous projette hors de l'ordinaire* »[3] et elle est ressentie comme un choc, même lorsqu'on est incapable d'attribuer ce choc à cette émotion en particulier. Cette morsure correspond au moment où le poison est inoculé. Mais ce poison doit aussi atteindre l'envié : il sort de la bouche de l'Envie des paroles venimeuses, des propos calomnieux, qui peuvent s'accompagner de comportements violents, agressifs. L'envie peut conduire à détruire l'envié, à détruire ce dont

---

1. Hassoun-Lestienne (1998 a), Schoeck (1966).
2. Polizzi (2005).
3. Alberoni (1995, p. 42).

© Groupe Eyrolles

il jouit et que l'envieux n'a pas. Il n'est pas important, à cet égard, que la personne envieuse soit consciente de l'être. C'est même, dans certains cas, parce que l'envie est inconsciente et ne peut donc être exprimée qu'elle se traduit par des comportements violents.

L'envie est autodestructrice

L'envie est ainsi associée à des affects douloureux, négatifs et à des comportements d'attaque. Mais l'envié n'est pas la seule victime : après que le poison a été inoculé, il agit insidieusement, envahit le corps de l'envieux, son espace psychique, sa relation au monde et peut même finir par se retourner contre lui. C'est alors comme un processus d'empoisonnement diffus. La lente destruction intérieure de l'envieux se donne à voir à travers les symptômes psychosomatiques qui sont souvent associés à la représentation de cette émotion : maigreur de l'envieux, visage pâle, « blanc comme neige », ou vert, yeux brillants, fiévreux ou exorbités. Baudelaire fait ainsi un très beau portrait d'envieux : « [...] *une pâleur nouvelle s'ajoutait sans cesse à sa pâleur habituelle, comme la neige s'ajoute à la neige. Ses lèvres se resserraient de plus en plus, et ses yeux s'éclairaient d'un feu intérieur semblable à celui de la jalousie et de la rancune, même pendant qu'il applaudissait ostensiblement les talents de son vieil ami [...] »*[1]

Une histoire populaire exprime bien la capacité de l'envie à engendrer à la fois autodestruction et attaques contre l'envié. Un Génie se présente un jour devant un homme et lui dit : « *Mon cher ami, je sais que tu as souffert, je sais que ta vie n'a pas été facile et que tu as eu bien de la peine. Mais, aujourd'hui, tes tourments vont prendre fin. Je t'ai choisi pour pouvoir enfin te soulager : fais un vœu et je l'exaucerai. Tu peux me demander n'importe quoi, il sera fait comme tu le désires. Demande-moi des montagnes d'or et tu les auras ; un palais de vermeil et il sera à toi ; une santé éclatante et plus jamais tu ne seras malade ; les femmes les plus belles et elles seront à tes pieds. Réfléchis mon ami et dis-moi ce que tu veux que j'exauce pour toi.* »

---

1. Baudelaire, « Une mort héroïque », in *Le Spleen de Paris*.

L'homme réfléchit, hésite, semble se décider mais, au moment où il va parler, le Génie précise : « *Il faut juste que tu saches une chose, mais elle ne te concerne pas : ce que tu me demanderas de réaliser, je le ferai pour toi et ton voisin le recevra en double.* » Alors l'homme s'écrie : « *Crève-moi un œil !* ».

Ce sont surtout les psychanalystes qui ont souligné combien l'envie pouvait être autodestructrice[1] : l'envieux ne cherche pas à se préserver, il en est incapable. Par exemple, dans le cas 1, le comportement de Pierre a comme effet de disloquer une structure dont il tire pourtant des avantages et qu'il a lui-même contribué à créer. Mais son envie est si forte qu'elle envahit son espace psychique, mine l'ensemble de ses relations avec Guy, mais également avec les autres membres du groupe et finit par tout emporter sur son passage. Dans d'autres cas, l'autodestruction peut prendre la forme d'un repli sur soi et la présence de l'envie peut s'accompagner de dépression.

Ainsi, dans les contextes de travail, on trouvera de l'envie derrière des comportements apparemment très différents. Dans certains cas, il s'agira d'équipes ou de personnes agressives, dont le comportement a un effet délétère sur l'ensemble de la structure, quitte à les mettre également en péril. Dans d'autres, on trouvera des structures déprimées et des problématiques de démotivation. Enfin, pour compliquer encore tout cela, on observera, dans certains contextes professionnels, un subtil mélange entre ces différentes manifestations de l'envie !

Envie et affects négatifs

L'envie est associée à des affects négatifs chez l'envieux. Essayons d'affiner ce portrait : quels sont plus précisément ces affects ?[2]

---

1. Il s'agit essentiellement des travaux de Mélanie Klein et de ses successeurs, au sein d'un courant de l'école psychanalytique anglaise.
2. Je reprends ici les travaux de Parrott (1991, p. 13-15), ainsi que les descriptions faites par Alberoni (1995) et Klein (1968).

L'envie est ressentie comme un intense désir, accompagné d'un sentiment de frustration : ce qu'a l'autre est fortement convoité et l'on ressent une forte frustration liée à la fois au manque et au fait de savoir que l'autre n'est pas face à ce manque.

Lorsqu'on est envieux, il y a de fortes chances que l'on prenne conscience de ses propres limites face à la personne enviée. Ce sentiment d'infériorité peut s'accompagner de tristesse, à la pensée de ses propres limites, et d'anxiété, liée à la déstabilisation éprouvée : on peut anticiper un avenir incertain, ressentir des doutes quant à sa propre évolution. La personne peut se sentir écrasée, vaincue, vidée de sa substance.

L'envie est souvent associée au ressentiment, qui peut se manifester sous deux formes bien différentes. En premier lieu, ce ressentiment peut s'exercer à l'encontre de la personne enviée et aller jusqu'à un sentiment de haine. La colère peut également y être associée, si la personne envieuse pense que l'écart de situation entre elle et l'autre résulte d'une injustice dont a profité l'envié ou d'un comportement visant sciemment à détourner les règles à son profit (bien entendu, si l'autre a réellement bénéficié d'un avantage indu, il ne s'agit plus d'envie mais de colère liée à une réelle injustice). En second lieu, le ressentiment de l'envieux peut être dirigé vers la vie en général, vers le système, vers les conditions qui sont censées favoriser les uns et pas les autres. Il s'agit alors d'un ressentiment global, accompagné de colère et d'amertume face à la vie et au destin, qui répartissent inéquitablement les richesses, les dons et les qualités.

L'envie s'accompagne souvent d'un sentiment d'admiration pour la personne enviée. Cependant, il est rarement facile pour l'envieux de l'exprimer et ce sont surtout les recherches en psychanalyse qui mettent en évidence cette dimension.

Enfin, la honte et la culpabilité sont régulièrement associées à l'envie. L'envie est en effet une émotion qui ne se dit pas. D'une part, parce qu'elle peut rester en partie inconsciente ou refoulée par l'envieux, qui malgré des comportements agressifs, de la colère ou de la tristesse par rapport à ce qu'il vit, peut ne pas les attribuer à de l'envie. D'autre part, parce que, même s'il identifie ce qu'il ressent comme étant de l'envie, il sait combien cette émotion est taboue, condamnée comme un grave péché. Alors que la jalousie peut donner lieu à des circonstances atténuantes, en cas de crime passionnel, une atteinte à autrui motivée par l'envie ne ferait, au contraire, qu'aggraver la sanction ! Il n'est donc pas étonnant que l'envieux puisse éprouver de la honte et de la culpabilité.

Toutes ces émotions ne sont pas ressenties systématiquement et en même temps par la même personne. Certaines vont, par exemple, éprouver de la haine et de la colère vis-à-vis de la personne enviée ainsi qu'un intense désir pour ce que celle-ci a obtenu et de la culpabilité. D'autres éprouveront un ressentiment plus global, accompagné d'un vif sentiment d'infériorité, et de l'admiration pour l'envié. Chez d'autres encore, colère et frustration laisseront ensuite place à de la tristesse.

Ne pas confondre envie et jalousie !

Maintenant que nous avons brossé à grands traits le portrait de l'envie, il est plus facile de préciser les différences existant entre envie et jalousie. Le terme « jalousie » est souvent employé dans le langage courant pour évoquer l'envie, mais l'inverse n'est pas vrai. Il faut certainement y lire à quel point il est tabou de parler de l'envie. Pourtant, les deux concepts renvoient bien à des phénomènes différents[1].

En premier lieu, la jalousie est déclenchée par la menace d'un transfert de relation. La perte (ou la menace de perte) est réelle. Dans la jalousie, donc, il y a la perte de ce qu'on a, alors que dans l'envie, c'est le fait de ne pas avoir qui est insupportable. *« La jalousie est en quelque manière juste et raisonnable, puisqu'elle ne tend qu'à conserver un bien qui nous appartient ; au lieu que l'envie est une fureur qui ne peut souffrir le bien des autres »*, écrit très à propos La Rochefoucauld[2].

---

1. Parrott et Smith (1993).
2. La Rochefoucauld, « Maxime 28 ».

En deuxième lieu, il y a, dans la jalousie, deux rivaux qui ont conscience d'être des rivaux alors que la simple présence de l'autre et de ce qu'il a peut déclencher l'envie en nous sans que la personne enviée en ait conscience.

Une troisième différence tient à la comparaison sociale : la jalousie n'est pas liée à une comparaison sociale alors que celle-ci est fondamentale dans l'envie.

Enfin, la jalousie s'accompagne d'un sentiment de perte, de trahison, de suspicion et de méfiance, alors que ce qui est associé à l'envie est la malveillance, la convoitise et le sentiment d'infériorité.

Certes, la jalousie et l'envie peuvent s'intégrer à un même épisode émotionnel : ainsi, la perte d'une forte relation et la jalousie qui en découle peuvent amener à se comparer à son rival et à en être envieux. Ou l'envie que l'on ressent à l'égard de quelqu'un peut conduire à penser à cette personne comme à un rival potentiel pour la personne que l'on aime et déclencher une certaine jalousie.

De plus, la tristesse et la colère sont associées aussi fréquemment à l'une qu'à l'autre. Il n'en reste pas moins vrai que l'envie est spécifique et distincte de la jalousie… Et que c'est bien l'envie que nous allons étudier en milieu professionnel !

Paradoxes de l'envie

Il ne serait pas juste de rester sur un portrait de l'envie aussi négatif. Est-elle en effet toujours destructrice ? Produit-elle systématiquement des comportements violents pour soi ou pour l'autre ? La réponse est non ! Dans l'optique que nous avons développée jusqu'ici, elle est en effet associée à ces conséquences destructrices. Mais l'envie peut également être reconnue comme une caractéristique de l'homme susceptible, tel un aiguillon, de le faire avancer, de le pousser à s'améliorer.

La plupart du temps, quand nous pensons à l'envie, c'est plutôt au premier sens que nous songeons, sans toujours faire le lien avec d'autres formes de comportements, tels que l'émulation, qui peuvent être au contraire valorisés. Pourtant, n'y a-t-il pas là des phénomènes proches, voire communs ?

C'est ici que l'on comprend toute la complexité de l'envie, que j'avais annoncée en début de chapitre. Il s'agit bien d'un processus psychologique complexe, intégrant :

* des facteurs déclencheurs associés à une certaine vulnérabilité de la personne ;
* une panoplie assez large d'émotions négatives et douloureuses ;
* des comportements relativement variés, allant de l'autodestruction à l'agressivité à l'égard de l'envié, en passant par l'émulation et la recherche d'une amélioration personnelle dans certains cas !

Fiche I

Suis-je envieux en contexte professionnel ?

Réfléchissez aux questions suivantes :

- Je trouve souvent injuste que certains aient obtenu telle ou telle chose et pas moi.
- Je me compare souvent aux personnes qui m'entourent dans mon milieu professionnel.
- Mon activité professionnelle est une importante partie de ma vie.
- Il m'arrive régulièrement de ne pas être satisfait de ce que j'obtiens de mon entreprise, surtout par rapport à certains collègues.
- Mon manager ne traite pas toutes les personnes de l'équipe de la même manière.
- J'ai régulièrement l'impression de ne pas être à la hauteur quand je me compare à d'autres.
- Quand je vois quelqu'un qui réussit dans son domaine, je me dis que j'aimerais bien lui ressembler.
- Je pense que ceux qui réussissent sont souvent malhonnêtes.
- Il m'arrive souvent de regretter de ne pas avoir réalisé tout ce que j'aurais aimé faire.
- Il est important pour moi d'être au courant de tout ce qui arrive à mes collègues, qu'il s'agisse d'évolutions positives ou d'échecs.
- Tout le monde ne part pas dans sa carrière avec les mêmes atouts. Certains sont favorisés dès le départ.
- Dans ma carrière, j'ai toujours besoin d'avoir des personnes qui me servent de points de repère.
- J'ai parfois l'impression que certains veulent m'écraser avec leur arrogance.
- Je me sens parfois triste ou insatisfait quand je pense à ma carrière.
- Il m'arrive de ressentir une certaine satisfaction quand j'apprends que certains collègues ont échoué.

- J'ai tendance à aimer parler des difficultés ou des problèmes rencontrés par des collègues.
- J'aime écouter les ragots qui se disent dans mon service.
- Je peux me sentir abattu quand je vois que d'autres réussissent.
- Je ne suis jamais satisfait de ce que j'entreprends. J'aurais pu faire mieux.
- Il m'est déjà arrivé d'essayer d'empêcher que le projet d'un collègue se réalise.
- Quand quelqu'un que je connais réussit un projet, il m'arrive de lui en vouloir.

Plus vous aurez répondu par l'affirmative à ces questions, plus vous pouvez être sujet à l'envie. Mais attention : si vous avez moins de cinq réponses affirmatives, il se peut que vous refouliez profondément cette émotion. Or, pour sortir de l'envie, il est essentiel de savoir d'abord la repérer...

Chapitre 2

EFFETS DE L'ENVIE
SUR L'ORGANISATION

On parle peu d'envie au sein des organisations[1]. Pourtant, pour celui qui s'embusque dans une entreprise pour étudier l'envie, il n'est pas besoin d'attendre longtemps pour en observer les symptômes.

C'est d'ailleurs en travaillant, notamment sur des missions de réorganisation ou d'accompagnement au changement, que j'ai noté la récurrence de certains phénomènes, inexplicables par les approches habituelles en management, et que j'ai commencé à émettre l'hypothèse que l'envie puisse en être une cause. Ainsi, dans les restructurations de service, quelle que soit l'entreprise, il est courant de constater une agressivité à l'encontre des services qui ne sont pas touchés ou d'entendre des salariés se comparer à tel collègue qui aurait obtenu un meilleur poste qu'eux-mêmes.

Dans une entreprise de distribution dans laquelle j'étudiais les modes de management et les pratiques d'innovation, je constatai que les comportements entre rayons, malgré les directives de la direction et les valeurs de coopération affichées dans l'entreprise, allaient à l'encontre de la collaboration. Il était ainsi fréquent qu'un rayon trouve

---

1. J'englobe, sous ce terme, toutes les structures dans lesquelles des personnes sont réunies en vue d'atteindre un objectif : entreprise, association, administration, etc.

sa réserve dérangée ou ne puisse y accéder à cause de marchandises non encore rangées et appartenant à un autre rayon, que les articles remis par des clients dans un mauvais rayon ne soient pas réaffectés au bon rayon ou que les vendeurs d'un rayon ne renseignent pas un client lorsqu'il s'agissait d'un autre rayon que le leur. Ces comportements se faisaient principalement à l'encontre du rayon qui faisait le plus gros chiffre d'affaires du magasin et était régulièrement cité en exemple par la direction ! Il ne s'agissait pas réellement de sabotage, mais d'un ensemble de comportements d'attaque, nuisibles au bon fonctionnement collectif.

C'est par ses conséquences négatives dans les organisations qu'on repère le plus facilement l'envie. Elle peut en effet influer, parfois violemment, sur les équipes, les relations au travail et les systèmes organisationnels. Paradoxalement, elle peut être, dans certains cas, source de changement et d'amélioration…

L'envie « délie »

La conséquence la plus courante de l'envie, sans doute la plus dangereuse pour l'organisation, est la destruction de liens. C'est essentiellement cet aspect que nous avons vu à l'œuvre dans le cas de Pierre et de Guy, ces deux amis qui ont fondé ensembles une structure de conseil. Lorsque l'envie s'immisce dans leurs relations, elle a comme effet majeur de rogner le lien d'amitié ; elle introduit le soupçon, la peur que l'un ait plus que l'autre. Le sentiment d'infériorité qui est réactivé dans l'envie et le ressentiment à l'égard de Guy empêchent Pierre de maintenir une relation saine avec lui.

L'envieux se sent mal à l'aise face à l'envié, dont la présence le renvoie à ses propres manques et à ses limites. Il appréhende d'interagir avec lui[1], la rencontre ou la collaboration sont rendues difficiles par l'arrière-plan de leur relation.

---

1. Salovey et Rodin (1984).

Cas 4 – Promotion refusée

Dans la filiale hongkongaise d'une banque internationale[1], tous les deux ans, les responsables clientèle ayant plus de deux années d'ancienneté peuvent postuler pour devenir manager. Leur candidature est examinée par un comité qui s'appuie sur la recommandation écrite et orale du supérieur hiérarchique direct du postulant, sur les évaluations annuelles et sur des critères définis par la banque (nombre de clients suivis, ponctualité, etc.). Dans chaque équipe (43 au total), cinq à huit personnes postulent pour un nombre total de postes limité.

Comment réagissent les personnes qui n'ont pas été promues ? Certaines ressentent de l'envie à l'égard de ceux de leur équipe qui sont promus et, dans ce cas, elles trouvent l'envié nettement moins sympathique qu'elles ne le pensaient avant que les décisions relatives aux promotions ne soient annoncées.

Ce cas montre que l'apparition de l'envie rend les relations interpersonnelles plus difficiles, en introduisant une distanciation affective chez l'envieux vis-à-vis de celui ou de celle qu'il envie.

Sans lien, pas d'organisation

Cette manifestation est très préoccupante car le lien est au fondement même de l'organisation, c'est ce qui la fait et lui confère sa capacité à évoluer[2]. Ce n'est pas le fait d'avoir une structure définie, des procédures pour agir, des systèmes de management et une personne pour chaque poste qui permet de créer une organisation. Ce qui permet à celle-ci d'exister réellement et quotidiennement, ce sont les liens, les interrelations entre les personnes et la qualité de celles-ci. C'est par leurs interactions que les acteurs peuvent donner du sens à ce qui leur arrive, interpréter les événements, s'engager collectivement dans certaines actions. Comme l'écrit Karl Weick, célèbre auteur en théorie des organisations : « *La manière dont les gens relient leurs activités rend les comportements intelligents. Les actions stupides ignorent l'interrelation ou l'établissent aléatoirement et dans l'indifférence.* »[3] Plus les individus font

© Groupe Eyrolles

---

1. Schaubroeck et Lam (2004).
2. Weick (1995), Vidaillet (2003).
3. Weick et Roberts (1993, p. 275).

d'efforts pour créer et entretenir une relation réciproque et plus une intelligence collective peut se développer. Cette capacité est d'autant plus essentielle que l'organisation affronte des situations inhabituelles qui demandent de pouvoir comprendre ce qui se passe et d'imaginer de nouvelles formes d'action.

Une organisation n'est pas une entité homogène et stable. Il est plus pertinent et proche de la réalité de la décrire comme un ensemble de processus de reconstruction et de déconstruction permanentes, en fonction des liens créés et détruits. C'est parce qu'elle est constituée de liens qu'elle est fragile, qu'elle peut disparaître, mais également se transformer, évoluer et s'adapter. Aussi l'envie est-elle extrêmement préoccupante lorsqu'elle est présente dans une équipe, dans un service, voire dans une entreprise, puisqu'elle s'attaque avant tout aux liens. Elle freine les capacités d'interaction et leur qualité.

Mauvaise cohésion de groupe

Dans une expérience faite avec un groupe créé pour l'occasion, dont les membres se réunissaient régulièrement sur une durée de quatre mois, les personnes qui ressentaient une envie élevée à l'égard de leurs co-équipiers reportaient également un ensemble d'émotions négatives à l'égard du groupe. Ils percevaient notamment une cohésion et un potentiel de groupe faibles[1]. Cet aspect apparaît bien dans le cas « Facteur Gagnant », déjà évoqué. Dans cet exemple, la direction de l'aéroport a introduit un nouveau programme de management pour améliorer le service client, en promouvant la recherche de l'excellence et en valorisant les membres du personnel qui se distinguent par leurs performances dans ce domaine. Mais en introduisant artificiellement des distinctions valorisant comme des « héros » certains employés, ce programme a conduit au développement de l'envie chez de nombreux salariés. Là où le travail était auparavant reconnu comme un travail d'équipe et les performances comme un résultat collectif, résultats et performance sont désormais pris en compte uniquement au niveau

---

1. Duffy et Shaw (2000).

individuel. L'envie qui en résulte s'accompagne d'une démotivation et d'une dissolution des liens nécessaires à l'accomplissement d'une performance globale. Dès lors, le travail d'équipe, pourtant indispensable pour assurer un service client de qualité, est empêché. La disparition des liens peut se faire aussi à un niveau plus général.

Ainsi, j'ai précédemment évoqué le cas où, au sein d'une université, les services de restauration et d'entretien décident de ne pas coopérer avec le service de formation, parce que celui-ci n'est pas visé par une décision de sous-traitance de certaines activités. Envieux, ces deux services se désolidarisent du service formation et la prestation finale de celui-ci – et donc de l'institution – ne sera pas à la hauteur de ce qui avait été annoncé aux participants. Sous l'effet de l'envie, les liens entre services ont disparu et, en conséquence, l'organisation ne peut plus fonctionner correctement.

L'envie, donc, a comme effet essentiel de dégrader les relations et les liens au sein des entreprises, qu'il s'agisse des relations interpersonnelles ou des liens entre services et entre groupes. L'envie empêche la cohésion, casse, détruit et disloque ce qui est au fondement de l'organisation[1].

Insatisfaction au travail et désinvestissement

L'envie est souvent associée, au moins pendant un temps, à des ressentis négatifs chez l'envieux vis-à-vis :

- de lui-même puisque l'envie touche au sentiment d'infériorité ;
- de la personne enviée, à qui peuvent s'adresser ressentiment, colère et haine ;
- du système, considéré comme frustrant et injuste.

Il n'est donc pas étonnant que l'envie, lorsqu'elle se manifeste en contexte professionnel, s'accompagne chez l'envieux d'une insatisfaction liée au travail. Cette insatisfaction peut prendre différentes formes.

---

1. Schlapobersky (1994), Halton (1994), Stein (2000 a, 2000 b).

Ainsi, dans une étude portant sur 222 cadres exerçant dans les secteurs de l'industrie ou des services[1], il apparaît une relation claire entre l'insatisfaction au travail exprimée et le sentiment d'envie. Quand une personne se sent envieuse de ses collègues, qu'elle considère comme mieux dotés et mieux valorisés qu'elle-même, elle se déclare également moins satisfaite de son travail que ceux qui se sentent peu ou pas envieux. Ceci n'est guère étonnant, puisque la comparaison à autrui, ressentie comme dévalorisante par l'envieux, fait ressortir ce que sa propre situation peut avoir d'insatisfaisant et de décevant. L'envie est associée à la frustration, à un sentiment d'amertume. En termes plus imagés, elle recouvre les choses d'un voile gris, sa situation semble à l'envieux bien terne, très loin de ce qu'il pourrait désirer ou de ce qui lui apparaît comme désirable au vu d'un autrui mieux loti que lui. Par contraste, elle met en lumière les projets qui ont échoué, les désirs auxquels il a renoncé et les souhaits non réalisés. L'envie est toujours associée à un écart entre une situation réelle et une situation idéale ou, en tout cas, meilleure. Pas étonnant alors qu'elle soit liée à une certaine insatisfaction !

De mauvaises relations avec son manager

De manière plus surprenante, cette même étude fait apparaître que l'envie s'accompagne, chez la personne envieuse, du sentiment d'une relation de moindre qualité entre elle et son manager direct. En général, les relations avec l'encadrement ne sont pas identiques pour chaque salarié. Certains ont l'impression de développer des relations basées sur la confiance et le respect, d'être compris par leur manager, de se sentir intégrés à une relation de qualité avec celui-ci. D'autres, au contraire, développent une relation plus distante et plus formelle, fondée sur l'observation de certaines règles plutôt que sur un échange plus personnel et émotionnellement impliqué. Avoir une relation et un échange de qualité avec son manager direct pousse à rester plus longtemps dans l'équipe, à être plus satisfait de son travail et à trouver

---

1. Vecchio (2005).

son poste plus enrichissant[1]. Dans l'étude portant sur les 222 cadres, l'envie s'accompagne d'une moindre qualité perçue de la relation avec le manager direct. Il est difficile de savoir dans quel sens joue la causalité et cette étude ne donne pas d'explication claire à ce sujet : est-ce que le fait d'être envieux conduit à un ressentiment général contre le système et qui s'exerce également sur le supérieur direct en tant que représentant de ce système ? Ou est-ce que le fait de moins s'entendre avec son manager prédispose à considérer que celui-ci puisse favoriser certains membres de l'équipe à son propre détriment et joue donc un rôle dans le développement de l'envie ? En tout état de cause, l'envie, parce qu'elle s'accompagne d'une moindre qualité relationnelle perçue avec son manager, ne favorise pas un sentiment de satisfaction au travail chez l'envieux. Elle entraîne une certaine désimplication, une démotivation s'accompagnant d'un retrait.

Repli sur soi et dépression

Au cœur de l'envie, je l'ai développé au chapitre 1, il y a une comparaison à autrui défavorable pour l'envieux, qui le renvoie au sentiment de sa propre infériorité. Il se développe alors chez lui le risque de ne pas parvenir à surmonter ce sentiment d'infériorité et de rester durablement dans l'idée que l'écart entre soi et l'autre est lié à une faiblesse personnelle.

L'envie s'accompagne parfois de comportements agressifs ou dépressifs[2] (les deux peuvent s'observer en même temps ou à des moments différents chez la même personne). Le versant dépressif de l'envie s'explique par une difficulté chez l'envieux à sortir de son écrasant sentiment d'infériorité qui porte atteinte à l'image de soi. Il est alors difficile pour lui de restaurer un équilibre cognitif et émotionnel suffisant pour entreprendre malgré tout de nouveaux projets. Pourquoi aller de l'avant puisque tout lui signifie qu'il est limité et que ses capacités le mettent en échec ? Pourquoi continuer à désirer ce qu'il

---

sera finalement incapable d'atteindre alors que d'autres y parviennent ? L'envie se situe au carrefour où de telles questions surgissent chez l'envieux et peuvent l'entraîner durablement dans un sentiment d'impuissance et de repli sur soi. Il peut s'agir aussi, pour lui, de se soustraire à la compétition et de limiter les occasions de comparaison, puisque celle-ci est source d'une douloureuse remise en question de ses propres capacités[1].

J'ai étudié un cas d'envie en contexte de travail qui met en évidence le repli sur soi et la crainte paralysante d'échouer, de ne pas être à la hauteur, qui peut apparaître en miroir quand l'autre réussit et est doté de ce qui nous semble inaccessible[2].

Cas 5 – Fanny et Cecilia, jumelles de stage

Fanny et Cécilia, étudiantes de la même promotion, font leur stage à la centrale d'achat d'une grande entreprise de distribution, l'une au rayon jardin, l'autre au rayon sport, dans l'univers « loisirs extérieurs ». Les deux étudiantes sont « quasi semblables » : de mêmes sexe, âge et promotion, elles sont mises dans une position de stage similaire.

Mais, pour Fanny, Cécilia a des qualités en plus (assurance et aisance relationnelle) qui font toute la différence et la renvoient au sentiment de ne pas être à la hauteur de ce qui est attendu d'elle. Fanny va se focaliser sur des qualités qui, d'après elle, lui manquent. Cécilia est le miroir de Fanny, mais déformé par l'insupportable différence.

Voilà ce que Fanny écrit, quelques mois après : « *Cette relation m'affectait, me déstabilisait beaucoup et me renforçait dans l'idée que le climat général était hostile envers moi. […]. Ma relation avec Cécilia était alimentée par l'envie de faire mieux qu'elle, d'autant plus que Cécilia est une personne au tempérament expressif et dynamique, s'adaptant assez bien et entamant la conversation facilement. Au début du stage, je ressentais beaucoup d'incertitude quant à mon devenir, je craignais d'être comparée à Cécilia et d'être moins efficace qu'elle dans mon travail. J'ai alors commencé à me comparer à elle, à m'identifier à elle et à douter de mes propres choix. […] À son contact, je me sentais transparente, j'avais l'impression de ne pas avoir de place et d'intérêt pour mon entourage.*

---

1. Alberoni (1995).
2. Vidaillet (à paraître).

Par exemple, quand nous déjeunions avec d'autres membres de l'équipe, il m'était difficile d'intervenir au cours du déjeuner car elle avait tendance à se mettre davantage en avant. [...] Cette relation difficile a accaparé toute mon énergie au départ et a freiné mon intégration au sein de l'équipe, puisque je me suis renfermée sur moi-même. [...] Préoccupée par mes rapports avec Cécilia, je n'allais pas vers les autres et ne cherchais pas à les connaître. [...] Cette relation m'obsédait. [...] Même si j'essayais de l'ignorer, ce mal-être me rongeait. Plus le temps passait et plus cette relation devenait insupportable pour moi.

Ne sachant pas comment gérer la situation, je me suis mise en retrait. Ce qui est paradoxal, c'est que j'avais tendance dans mes missions à m'identifier à son travail, à la suivre dans ses idées et donc à ne plus m'affirmer en tant que personne. [...] Ce processus [...] a renforcé mon manque de confiance en moi initial, allant même jusqu'à me faire douter de mes choix et me dévaloriser. D'autre part, j'avais peut-être besoin de repères car je me sentais perdue par rapport aux missions que je devais entreprendre, j'avais peur de l'inconnu et du vide et Cécilia était peut-être la solution. [...] Par exemple, lorsque nous devions réaliser des matrices d'analyse, souvent je me résignais à utiliser la sienne car je pensais être incapable de faire aussi bien. »

Doutant de ses capacités, Fanny se replie sur elle-même et évite les relations avec l'équipe de peur d'être mise en défaut. Elle a peur de prendre des initiatives et préfère imiter sa camarade par peur d'échouer ou de faire les mauvais choix. Cette période s'accompagne pour elle d'affects très douloureux et d'un retrait de type dépressif. Heureusement, elle parviendra à prendre du recul par rapport à la situation et à évoluer, redevenant progressivement capable de prendre des initiatives et retrouvant une capacité à agir de manière plus autonome. La prise de distance a été facilitée par le fait que, au bout de quelques mois, le service dans lequel se trouvaient les deux étudiantes a été réorganisé. Cette réorganisation a séparé clairement le sport, où travaille Cécilia, et le jardin, où se trouve Fanny. Alors que les étudiantes se faisaient face continuellement et devaient travailler ensemble, ce déménagement les sépare physiquement. Cécilia n'est plus sous le regard de Fanny et la comparaison permanente à laquelle elle se livrait, et qui lui apparaissait toujours à son désavantage, n'a plus lieu d'être. Fanny commence alors, comme elle le dit elle-même, à se « *reconstruire* ».

Hostilité, agressivité et destruction

Il arrive que l'envieux mette en acte l'hostilité et le ressentiment qu'il peut ressentir à l'égard de la personne qu'il envie. L'envie peut alors engendrer violence et agression : il s'agit de détruire ce qui fait l'objet de l'envie, de faire en sorte que l'autre ne l'ait pas ou d'attaquer sa réputation. Toutes ces tentatives ont le même objectif : supprimer ce qui est à l'origine de l'envie et rétablir, chez l'envieux, l'impression d'un équilibre entre lui et l'envié.[1]

L'attaque du rival est une manifestation directe de l'envie, bien soulignée par les psychanalystes qui en font une émotion d'attaque. Ceux-ci s'inscrivent dans la lignée de Mélanie Klein[2] qui a notamment montré que l'envie est à l'œuvre très tôt dans le développement psychique de l'être humain et peut conduire à des comportements très agressifs et destructeurs, y compris pour l'envieux lui-même.

Dans les organisations, il est courant d'observer des comportements d'attaque liés à l'envie[3]. C'est à ce symptôme précis que l'on peut en général identifier la présence de l'envie. Cela ne signifie pas que cette conséquence soit la plus fréquente, mais, alors que les autres conséquences de l'envie peuvent rester relativement discrètes, voire totalement cachées, l'agression et l'attaque se remarquent plus facilement.

Nuire à la réputation de l'envié

L'envieux peut tout d'abord se limiter à des attaques verbales en dénigrant l'envié, en s'attaquant à sa réputation et en mettant en avant certaines de ses limites. Cela peut aller jusqu'à la calomnie, dans l'objectif de détruire l'intégrité de l'envié. Dans certains cas, la manière de s'attaquer à la réputation de l'autre peut prendre des tournures plus subtiles.

---

1. Salovey et Rodin (1984), Smith et *al.* (1994, 1999).
2. Klein (1968).
3. Vecchio (1995).

Cas 6 – Une commission biaisée

Dans une université néo-zélandaise, une brillante professeure assistante va être injustement évaluée par une commission d'évaluation, dans laquelle quelques membres influents sont particulièrement envieux de ses qualités. Cette commission doit décider si cette jeune femme doit ou non être titularisée.

Plutôt que de s'attaquer directement à elle, les personnes envieuses vont jouer avec l'ambiguïté de certaines règles d'évaluation afin d'influencer l'ensemble de la commission. Elles vont notamment attribuer un poids essentiel aux critères liés aux responsabilités administratives pour motiver leur rejet, écartant ainsi les exceptionnelles qualités académiques de la postulante. De plus, elles font en sorte, sur ce critère administratif, de minorer les responsabilités qu'elle a pu prendre dans le département, jouant sur le fait que tous les membres de la commission n'ont pas accès à l'ensemble des informations.

Il s'agit là d'une forme de diffamation déguisée, sous couvert d'une procédure d'évaluation qui, de l'extérieur, pourrait sembler objective[1].

Dans d'autre cas, l'attaque est plus directe. Le philosophe Schopenhauer était connu pour ses tentatives systématiques d'évincer ses rivaux, en particulier ceux qui pouvaient prétendre au titre de maître. Il n'hésitait pas à les dénigrer, à les critiquer, même lorsqu'il s'agissait d'autres philosophes reconnus. Lorsque Hegel, alors au faîte de sa gloire, obtint un poste de professeur à l'université de Berlin (1820), Schopenhauer décida de placer son cours exactement à la même heure que celle du séminaire le plus couru de son rival. Lorsqu'on lui proposa de changer son horaire, il préféra démissionner de l'université[2]. Dans de tels cas, non seulement toute collaboration est impossible, mais l'organisation – ici, l'université de Berlin – perd un brillant membre qui participait à sa renommée.

---

1. Mouly et Sankaran (2002).
2. Leader (1997).

Envie et sabotage

L'envie peut également conduire l'envié à des formes d'action relevant du sabotage. J'ai déjà évoqué précédemment le cas des deux départements qui empêchaient une formation conçue par le département pédagogique de se dérouler dans de bonnes conditions. Prenons maintenant l'exemple suivant.

Cas 7 – Sabotage larvé

Karine, diplômée d'une grande école de commerce, avec quelques années d'expérience, prend un poste d'acheteuse dans le service marketing d'une entreprise de vente à distance. Elle travaille sous la direction de Martine, directrice des achats et de l'approvisionnement. Celle-ci travaille également avec une assistante de direction, Caroline, d'un âge proche de celui de Karine, titulaire d'un DESS de l'université et en poste depuis plusieurs années.

Quinze jours après l'arrivée de Karine, Martine part en congé maternité. Il apparaît rapidement que son poste ne sera pas pourvu et qu'elle évoluera dans un autre service de l'entreprise à son retour. Pendant quelques mois, le flou subsiste dans la répartition des rôles : le poste de Martine sera-t-il affecté à une autre personne ? Au fur et à mesure des semaines, la direction confie progressivement les missions de Martine à Karine, ce qui est cohérent avec son poste et son évolution de carrière.

À partir du moment où cette configuration devient plus claire, le comportement de Caroline change : elle entreprend une sorte de sabotage plus ou moins larvé, « oubliant » certaines missions que lui confie Karine, faisant de la rétention d'informations. Karine apprend alors que Caroline nourrissait l'espoir de prendre la place de Martine, lorsque celle-ci avait annoncé qu'elle était enceinte. Pourtant, sa formation et son poste fortement administratif (assistante de direction) sont assez éloignés de ce qui est nécessaire pour le poste de Martine. Et Karine arrive, avec une formation de niveau comparable, mais au contenu plus en rapport avec ce poste et après quelques semaines se voit déjà dotée de ce que convoitait Caroline. Il semble alors que celle-ci, saisie par l'envie, ait réagi en développant un comportement hostile afin de nuire à Karine et à sa réputation, en faisant en sorte que certaines de ses missions échouent, que des délais ne soient pas respectés, etc. Ce faisant, elle menace son propre poste, car ses « erreurs » apparaissent comme un manque de professionnalisme. Mais elle sait qu'ainsi elle nuit à Karine, notamment à sa réputation.

« Syndrome du grand coquelicot »

L'ensemble des effets de l'envie décrits jusqu'à présent a un impact sur la qualité et l'ambiance de travail.

Un autre effet, que nous abordons maintenant, est directement lié à la performance. Certains individus dotés de compétences supérieures à la moyenne peuvent volontairement diminuer leur performance ou ne pas utiliser tout leur potentiel, pour maintenir de bonnes relations avec leurs pairs et éviter qu'une performance exceptionnelle ne provoque des comportements envieux à leur égard, par peur d'être enviés et de déclencher hostilité et agression[1]. C'est le « syndrome du grand coquelicot » *(tall poppy syndrome)*[2]. Cette expression propre à l'anglais australien désigne le fait de chercher à nuire aux « grands coquelicots » *(tall poppies)*. Ces personnes sont cibles d'envie car elles réussissent mieux que les autres. Il s'agit alors de couper les têtes qui dépassent et de ramener les « grands coquelicots » dans la moyenne, de faire en sorte qu'ils montrent des compétences plus acceptables car plus « normales ».

Un turnover qui s'accroît

Avec tous les symptômes recensés ci-dessus, il n'est guère étonnant que l'envie agisse directement sur le turnover au sein des équipes. Il peut s'agir tout d'abord de l'envieux qui part. En effet, son insatisfaction au travail et sa relation de moindre qualité avec son manager facilitent le désir de changer de contexte de travail. Il peut partir également pour ne plus avoir à supporter ce qui le plonge dans l'envie. C'est ainsi que Schopenhauer préfère quitter l'université de Berlin plutôt que de supporter son rival Hegel !

Mais l'envié, lui aussi, peut partir, pour éviter les comportements désagréables dont il fait l'objet et retrouver un contexte de travail plus sain. Il peut souhaiter partir lorsque les attaques contre lui le

---

1. Exline et Lobel (1999).
2. Mouly et Sankaran (2002).

gênent durablement. Ainsi, la jeune professeure injustement évaluée est bloquée dans l'évolution de sa carrière au sein de son université. Elle démissionne très rapidement et le département perd ainsi son meilleur élément, au profit d'une université concurrente[1].

Même lorsque l'envie ne conduit pas à agresser l'autre, elle rend la collaboration difficile et introduit des tensions du fait notamment que l'envieux aura tendance à moins aimer l'envié, à avoir des difficultés à interagir avec lui et à manifester des comportements « étranges » à son égard. C'est ainsi que, dans le cas des deux étudiantes en stage, Cécilia a bien remarqué que la relation avec Fanny, qui l'envie, était difficile et tendue : celle-ci l'évite à certains moments, l'imite à d'autres, manifeste une hypersensibilité à toute remarque relative au travail accompli par l'une ou l'autre de la part d'un membre de l'équipe. Mais Cécilia n'attribue pas ce comportement à de l'envie, elle ne le comprend pas et ne sait comment se comporter à l'égard de sa camarade. En général, les attaques dont l'envié fait l'objet lui semblent incompréhensibles. En effet, il est très rare que l'envieux explicite la raison de son comportement agressif et, dans certains cas, cette raison peut même rester inconsciente à ses propres yeux. Quant à la personne qui subit ces attaques ou cette agressivité, elle n'est pas en mesure, la plupart du temps, de mettre le mot « envie » sur ces comportements. Le fait de ne pas comprendre ce qui se passe peut conduire la personne enviée à culpabiliser, à s'attribuer en partie les difficultés dans la relation avec l'envieux. Bref, l'envié peut se sentir mal dans son contexte de travail, ce qui, on l'aura compris, ne facilite pas le désir de rester !

Enfin, les membres d'une équipe ou d'une organisation dans laquelle l'envie est manifestement présente (sans d'ailleurs que les participants puissent forcément associer le nom « d'envie » aux symptômes rencontrés) sont également plus susceptibles de quitter leur structure du fait d'une ambiance générale de travail dégradée. Tous ces facteurs conduisent donc à un turnover augmenté et à la difficulté de créer des équipes stables et cohésives[2].

---

1. Mouly et Sankaran (2002).
2. Vecchio (1995, 2000).

Il nous faut donc, à l'examen des conséquences examinées jusqu'à présent, conclure provisoirement que l'envie, lorsqu'elle se manifeste en contexte de travail, a tendance à agir négativement sur les équipes et, plus globalement, sur les organisations. Mais, comme je l'ai souligné en début de chapitre, ce serait omettre quelques pistes, plus rares il est vrai, qui conduisent à nuancer ce point de vue.

Un constat à nuancer : quelques effets paradoxaux de l'envie en contexte professionnel

La reproduction du système

Jusqu'ici, j'ai largement abordé les effets potentiellement destructeurs de l'envie sur tout système organisationnel. Cependant, sous peine d'être partial, il faut évoquer un paradoxe fondamental de l'envie[1]. Certes, elle peut être destructrice pour le système dans lequel elle se développe, mais elle ne surgit que parce que les personnes envieuses adhèrent au système de valorisation qui désigne ce qui est désirable dans ce cadre.

La désignation de ce qui est valorisé et source d'un avantage chez l'autre se fait toujours en fonction du système de valeur englobant les deux protagonistes. Par le fait même d'être envieux, l'envieux réaffirme implicitement son inscription dans et sa dépendance à ce système. Il contribue ainsi à sa reproduction. L'envie a donc comme conséquence paradoxale de pouvoir fortement perturber les systèmes sociaux du fait des comportements hostiles qu'elle déclenche, mais de contribuer également à leur stabilité en maintenant le système de valeurs qui les tient !

L'envie pousse à agir

L'envie agit parfois comme un stimulant, réveille chez l'envieux des velléités d'action[2] et le pousse à améliorer sa performance individuelle.

---

1. Alberoni (1995), Schoeck (1966).
2. Cette thèse est développée par Kets de Vries (1990).

Ainsi, dans la filiale hongkongaise de la banque internationale (cas 4), on a étudié l'envie liée à la promotion de certaines personnes et pas d'autres. Comme je l'ai souligné, parmi les candidats qui avaient été déboutés de leur demande de promotion, ceux qui se déclaraient plus envieux des personnes promues que les autres appréciaient moins celles-ci après l'annonce de nomination. Mais, d'une part, les envieux étaient aussi ceux qui, dès le départ, s'identifiaient le plus aux personnes promues (en d'autres termes, qui s'estimaient le plus comparables à celles-ci) ; d'autre part, les personnes envieuses montraient des performances plus élevées que leurs collègues moins envieux, cinq mois après la promotion[1]. L'envie a agi comme un stimulant et a poussé les personnes envieuses à s'améliorer. Elle a joué dans le sens d'une émulation.

Il est intéressant de relier ces deux observations : les personnes envieuses le sont certainement en grande partie parce qu'elles s'estimaient elles aussi méritantes, dans la mesure où elles se sentent comparables aux personnes promues. Le fait que les autres aient été promus peut donc s'interpréter comme la preuve qu'il est possible d'être promu : il suffit pour cela de s'améliorer. Dans cet exemple, le sentiment d'infériorité résultant d'une non-promotion a poussé l'envieux à augmenter ses performances pour prouver qu'il est aussi capable de réussir. Au lieu d'être écrasé par l'échec, l'envieux a plutôt été stimulé et il s'engage avec force dans la compétition. Je l'ai évoqué au chapitre 1 : l'envie peut être associée à un sentiment d'admiration pour la personne enviée, au même titre qu'elle peut être associée à la haine et au ressentiment à son égard[2]. Or, l'admiration peut jouer en faveur de l'émulation : la personne enviée peut servir de modèle. Cette hypothèse, sur laquelle je reviendrai dans le chapitre 3, paraît d'autant plus pertinente ici qu'on la relie à une autre observation : l'envieux envie quelqu'un auquel il se sent comparable, quelqu'un avec qui il a de nombreuses caractéristiques en commun. C'est donc un modèle qu'il est possible d'imiter et qui donne le point de référence à atteindre.

---

1. Schaubroeck et Lam (2004).
2. Parrott (1991).

© Groupe Eyrolles

Cas 8 – La promotion d'un ami

Un universitaire[1] apprend qu'un collègue, également ami, a obtenu un poste valorisant dans une université plus prestigieuse que la leur. Il est tout d'abord très surpris, car il pensait que son ami avait comme lui renoncé depuis long-temps à faire carrière et se contentait d'un poste moins prestigieux dans une université de province. Il se sent envieux de cet ami qui, tout à coup, va se différencier de lui et accéder à un autre statut. Mais cette envie s'accompagne d'une réflexion qui tourne autour de la question : pourquoi pas moi ? Ne pourrais-je moi aussi bénéficier d'une telle situation ? Pourquoi ai-je aban-donné mes projets d'évolution de carrière ? Pourquoi ai-je renoncé ?

Le sentiment d'envie permet ici d'accéder de nouveau à des désirs enfouis, auxquels il croyait avoir renoncé depuis longtemps. La douleur surgie bruta-lement montre que ces désirs ne sont pas éteints : l'envie agit comme le vent qui soudain attise des braises et fait repartir le feu.

Plus tard, cet homme ressent également de l'envie lorsqu'il apprend que sa secrétaire a enfin trouvé un éditeur pour la publier, alors que lui-même n'a rien écrit depuis des années. Elle va donc appartenir au cercle des écrivains dont il faisait partie jadis et il ressent à nouveau, mais de manière nostalgique, toute l'excitation et l'effervescence de cette période révolue. Puis il se met soudain à s'imaginer en train d'écrire un nouveau livre. « *Pourquoi ne pas tenter à nouveau ? N'ai-je pas moi aussi envie de revivre ces moments forts ?* », se demande-t-il.

Ainsi, l'envie peut réactiver une capacité à se projeter dans une nou-velle trajectoire car la comparaison à l'autre, sur laquelle l'envie se développe, fait apparaître de nouveaux points de référence et objectifs. C'est ici le versant de l'envie lié au désir, plus qu'à l'hostilité envers l'autre, qui prédomine. L'envie est, dans ce cas surtout, une « envie de » : réécrire, chercher un nouveau poste. Sur ce versant, l'envie peut agir comme un puissant stimulant. Ce qui est essentiel dans ce pro-cessus, c'est le moment où la personne est consciente de ressentir de l'envie et se demande si l'écart qui vient soudain de surgir entre elle et un autre ne peut être comblé. Il est important que les affects liés à l'estime de soi ne soient pas trop violents pour que la personne puisse s'engager dans une telle dynamique.

---

1. Patient et *al.* (2003).

Envie ou sens moral ?

L'envie est une émotion associée au sentiment d'injustice. Ce sentiment se développerait pour permettre à l'envieux de rétablir un équilibre cognitif et émotionnel, en évitant de se dévaloriser[1] : « *Si l'autre a réussi ou obtient mieux ou plus que moi, ce n'est pas parce qu'il le mérite, car il est comparable à moi, mais c'est parce qu'il est favorisé par un système injuste.* » Le sentiment d'injustice serait alors un moyen de défense contre le sentiment d'infériorité qui résulte d'une comparaison à autrui défavorable.

Les individus dans les organisations sont très sensibles au fait de se sentir rétribués « équitablement » pour ce qu'ils font. Cela rejaillit sur leur motivation, leur loyauté à l'égard de leur entreprise ou leur stabilité[2]. L'équité perçue par un salarié est relative et se fonde en particulier sur une comparaison aux autres, notamment à ceux qui lui sont relativement proches en termes de type de fonction, de charge de travail, etc. Les collaborateurs sont sensibles non seulement aux différences entre les niveaux de rétribution de l'organisation sur un certain nombre d'outputs (salaires, promotions, etc.), mais également aux procédures qui entourent le montant et l'affectation de ces outputs. Le sentiment d'équité suppose donc une justice distributive (ce qui est distribué) et une justice procédurale (sur quelles règles se fait cette distribution).

Les individus, dans le contexte organisationnel, ont donc une exigence d'équité et le sentiment que celle-ci n'existe pas peut fortement affecter leur comportement. Mais d'où vient cette exigence d'équité ? Quelles en sont les racines ? Pourquoi l'injustice est-elle ressentie avec une telle vigueur ?

Le sociologue Helmut Schoeck[3] pose la même question à propos des systèmes sociaux, en constatant que de nombreuses théories sociologi-

---

1. Smith (1991), Smith et *al.* (1994), Schoeck (1995).
2. Adams (1965), Cropanzano (1993), Folger et Cropanzano (1998), Greenberg et Colquitt (2005).
3. Schoeck (1995, p. 323-324).

© Groupe Eyrolles

ques et politiques avaient souligné l'exigence d'équité des individus en société, sans remonter à ses origines. Selon lui, cependant, en règle générale : « *L'individu se soucie fort peu de l'égalité avec l'autre, souvent son sens de la justice se rebelle précisément parce qu'on ne lui accorde pas l'inégalité à laquelle il estime avoir droit. {...} Ce qui compte pour un ouvrier, ce n'est pas, dans l'absolu, le montant de son salaire, mais la différence entre lui et d'autres ouvriers. C'est quand l'échelle des salaires ne reflète pas les différences ressenties par l'ouvrier dans l'importance, la difficulté, etc., de ses tâches par rapport aux autres que naissent la plupart des revendications.* » Il situe explicitement l'origine du besoin de justice dans l'envie : si l'inéquité est ressentie comme si insupportable, c'est parce que la différence avec l'autre viendrait déclencher l'envie. Mais l'envie étant une émotion socialement taboue, une manière de ne pas la reconnaître, tout en essayant de modifier ce qui l'engendre, serait de se référer au besoin de justice, d'équité qui lui est socialement valorisé. Il s'agirait également, dans cette opération, de transformer une émotion personnelle en une revendication collective.

Certes, le besoin d'équité et le sens de l'injustice ne peuvent être systématiquement associés à l'envie[1]. Ainsi, il semble que ce lien puisse être établi lorsque le sens de l'injustice en question apparaît comme « subjectif », c'est-à-dire lorsqu'un observateur extérieur analysant les différences entre l'envieux et l'envié ne les attribue pas automatiquement à un système injuste, mais à des causes telles que les qualités de la personne enviée ou ses résultats objectivement supérieurs. Dans ce cas, c'est bien la personne enviée qui interprète les différences comme dues à une injustice, ce qui lui permet ainsi de protéger son estime de soi. Il en résulte alors une agressivité et une forte hostilité vis-à-vis de la personne enviée. Dans les expériences entreprises à ce sujet, il a été clairement démontré que les sentiments d'hostilité ne s'observaient chez la personne envieuse qu'à condition que celle-ci ressente également une injustice[2].

---

1. Rawls (1971).
2. Smith (1991), Smith et *al.* (1994).

L'envie apparaît, là encore, dans son ambiguïté. Certes, l'exigence d'équité et de justice est importante dans les attentes des individus en contexte de travail, mais cette exigence correspond-elle réellement à un sens moral développé ou ne dissimule-t-elle pas de l'envie dans certains cas ? Intégrer l'envie suppose une vision moins naïve et plus complexe de l'origine de certaines préoccupations « morales ».

Comment relier ces effets paradoxaux ?

À l'issue de ce chapitre, nous sommes perplexes. D'un côté, l'envie a été associée à la haine, au ressentiment et à des effets préoccupants pour la vie organisationnelle : attaques contre l'envié, impacts sur l'ambiance de travail et la performance, turnover, démotivation. De l'autre sont apparus des effets qui, bien que largement moins étudiés, seraient positifs : l'envie peut stimuler l'envieux et améliorer sa performance, jouer le rôle de moteur à l'action, ce qui n'est pas négligeable dans des contextes où l'action est fortement valorisée, et contribuer à préserver le système de valeurs sur lequel s'appuie toute organisation.

Pourquoi observe-t-on des phénomènes aussi contradictoires et paradoxaux ? Parce qu'il manque une théorie sous-jacente au fonctionnement de l'envie pour réunifier l'ensemble de ces observations. C'est ce que je propose de faire dans le chapitre 3.

Fiche 2

Repérer les symptômes d'envie dans mon équipe

L'envie se cache presque toujours derrière d'autres dysfonctionnements. Difficile alors de la repérer ! Voici les questions que vous pouvez vous poser pour essayer d'y voir clair. Plus vous aurez de réponses affirmatives, plus il se peut que l'envie soit à l'origine de ce que vous observez. Raisonner en termes d'envie vous permettra de relier des problèmes que vous pensiez différents :

- J'entends souvent des personnes de l'équipe dire du mal de leurs collègues.
- Quand il y a un succès dans l'équipe, on entend plutôt : « C'est grâce à un tel » que : « Nous y avons tous contribué ».
- Les personnes trop brillantes ne restent pas dans mon équipe.
- Les membres de mon équipe se comparent et s'évaluent en permanence.
- Dans les faits, il est difficile à mes collaborateurs de travailler sur des projets communs.
- Dans mon service, il arrive régulièrement que des personnes soient mises à l'écart.
- Mes collaborateurs se surveillent beaucoup.
- Là où je travaille, il y a beaucoup de rétention d'informations.
- Il n'y a pas d'harmonie dans mon équipe.
- Autour de moi, j'entends beaucoup de personnes mécontentes, insatisfaites de leur travail.
- Beaucoup de personnes dans ma structure se disent dégoûtées du système.
- Là où je travaille, j'entends souvent des personnes se plaindre d'un manque de reconnaissance.
- Quand un problème imprévu apparaît dans l'équipe, cela conduit plus à créer des tensions entre les gens qu'à les ressouder.
- Il y a beaucoup d'agressivité entre les personnes avec qui je travaille.
- Nombreux sont ceux qui se plaignent de leur manager, parce qu'il n'envoie jamais de feed-back positif.

Chapitre 3

ENVIE, DÉSIR ET MIMÉTISME

Dans ce chapitre, je vais m'appuyer, essentiellement, sur une thèse développée depuis les années 1960 par René Girard, penseur français extrêmement renommé, notamment aux États-Unis. Cette thèse est connue sous le nom de « théorie mimétique », « théorie de la *mimesis* » ou encore « théorie du désir mimétique ».

René Girard : le désir mimétique

La liste des publications de René Girard (professeur de littérature comparée travaillant aux États-Unis) à ce sujet serait trop longue pour être reprise ici. En effet, sa thèse consacrée au « *désir mimétique* » et à la théorie mimétique s'exprime de bout en bout dans son œuvre.

Au lecteur intéressé, je conseille de commencer par son premier livre, *Mensonge romantique et vérité romanesque* (1961), dans lequel il énonce sa théorie, en démontant entièrement le mécanisme du désir. Dans ce livre, fondement théorique incontournable de son approche, il s'appuie sur l'analyse de grandes œuvres littéraires pour développer sa théorie. Dans *La violence et le sacré* (1972), il prend appui sur la tragédie grecque pour s'interroger sur l'origine de la violence dans les sociétés humaines, qu'il attribue à la spirale infernale du désir mimétique, qui produit du même et efface les différences. La désignation d'une victime, devenue pour l'occasion bouc émissaire, permet alors de résoudre la crise, en détournant la violence à l'extérieur et en permettant au groupe de se réunir dans une unanimité violente. Il poursuit ces hypothèses dans *Le bouc émissaire* (1982) et dans *La route antique des hommes pervers* (1985). Dans *Shakespeare : les feux de l'envie* (1990), René Girard fait une relecture magistrale de certaines pièces, dans lesquelles Shakespeare aurait clairement exposé le principe du désir mimétique, avant de dissimuler sa connaissance de ce principe dans la suite de son œuvre.

Je reprends notamment sa théorie du désir et de l'envie, mais laisse de côté sa théorie des religions et la plupart de ses développements sur la résolution de la crise mimétique *via* le bouc émissaire.

Conception classique : un sujet autonome dans son désir

Derrière l'envie se profile, nous l'avons déjà abordé, la question du désir : l'envieux désire ce qu'il n'a pas et qu'un autre a réussi à obtenir. Mais pourquoi est-ce *justement* cela que l'envieux désire ? Quelle relation l'unit à l'objet (ressource, bien, promotion, personne, etc.) ?

La démarche dominante, en sciences sociales comme dans le sens commun, est de partir du couple sujet-objet : l'être humain fixe son désir sur un objet, doté de certaines caractéristiques plus ou moins valorisées dans son système de préférences. Le désir que j'aurais pour cet homme, pour ce poste ou pour ce vêtement relèverait de mon choix personnel : je choisis, à un moment donné, de fixer mon désir sur tel ou tel « objet de désir ». Dans cette optique, chaque objet posséderait en lui la propriété de polariser mon désir. Chaque objet aurait une valeur intrinsèque, en relation avec mes préférences, mes goûts, des normes qui me conditionnent, etc. Peu importe que le « choix » en question relève réellement d'un libre arbitre ou soit conditionné par des pulsions inconscientes ou des normes sociales : dans toutes ces théories, le couple sujet-objet est doté de sa propre autonomie.

Une motivation indépendante d'autrui

Dans le domaine de la gestion et du management, pratiquement toutes les théories de la motivation se sont développées également sur l'idée d'une autonomie du couple formé par les caractéristiques de l'individu (sa « nature », ses « besoins », sa « personnalité ») et ce qu'il désire.

La théorie la plus utilisée est connue sous le nom de « théorie de Maslow »[1].

---

1. Maslow (1954).

Théorie de Maslow

Chaque individu serait motivé par des besoins de plus en plus élaborés et ordonnés hiérarchiquement. On trouve ainsi, dans l'ordre, les besoins physiologiques, puis les besoins de sécurité, les besoins sociaux, les besoins d'estime et, enfin, les besoins de réalisation de soi. Après avoir satisfait un besoin de rang inférieur (par exemple, les besoins de sécurité), l'individu chercherait à satisfaire un besoin de rang immédiatement supérieur et ainsi de suite jusqu'à ce qu'il atteigne un niveau de développement personnel.

Cette fameuse théorie est fréquemment reprise en marketing pour l'étude du consommateur ou en management pour l'étude de la motivation au travail. Pourtant, ce qui en est dit n'est en général qu'une simplification abusive du travail de Maslow et la « théorie de Maslow » n'a qu'un assez lointain rapport avec les écrits de cet auteur (qui s'est d'ailleurs lui-même indigné de ces abus).

C'est pourtant cette théorie, ou plutôt la présentation qui en est faite en général dans les manuels de management, qui est reprise ici car elle est représentative des conceptions simplistes des ressorts de la motivation en management.

Bien que cette théorie ait été critiquée, elle continue à être largement enseignée. Mais le plus étonnant est que les critiques de Maslow n'aient pas remis en cause l'idée d'un individu autonome dans son processus motivationnel, isolé du processus d'autrui.

Plus généralement, on retrouve cette caractéristique dans toutes les théories de la motivation qui s'intéressent à ce qui peut mettre les individus en mouvement, notamment en entreprise. Les travaux d'Herzberg[1], par exemple, grand théoricien de la satisfaction au travail, vont focaliser l'attention sur la nature même du travail demandé et sur le contenu des tâches, supposés jouer un rôle moteur.

D'autres théories de la motivation postulent que tout comportement motivé résulterait d'un choix fait par l'individu ayant pris en compte certaines probabilités d'atteindre une récompense[2].

---

1. Herzberg (1966).
2. Vroom (1964).

Une exception : la théorie de l'équité

À ma connaissance, une seule théorie de la motivation a introduit l'idée que l'individu pouvait se comparer à d'autres. Il s'agit de la théorie de l'équité[1], qui postule que la motivation au travail de l'individu va dépendre de la satisfaction qu'il y trouve et qui dépend elle-même du sentiment d'équité perçu par le salarié. Ce sentiment d'équité est lié à la perception qu'a l'individu du rapport existant entre ce qu'il estime apporter à l'entreprise (inputs) et ce qu'il en reçoit (outputs). Pour estimer que ce rapport est juste, l'individu aurait besoin de points de repère. Il se livrerait donc à des comparaisons avec d'autres rapports entre inputs et outputs. Ainsi, il comparerait ce que d'autres « reçoivent » de leur employeur par rapport à ce qu'ils lui « donnent », pour s'assurer que ce rapport est identique au sien. En cas de décalage perçu, l'individu aurait tendance :

- soit à chercher à modifier sa perception des écarts perçus. Par exemple, s'il estime que l'autre reçoit proportionnellement plus que lui, eu égard à ce qu'il donne, il peut essayer de trouver de nouveaux motifs pour justifier cet écart. Il pourra ainsi dire que l'autre a réalisé son travail dans des conditions plus difficiles que lui et a donc dû dépenser plus d'énergie ;
- soit à ajuster son propre comportement afin de rétablir un sentiment d'équité. Par exemple, en travaillant moins s'il estime avoir été insuffisamment rétribué comparativement à autrui.

Dans la théorie de l'équité, s'il est fait mention à l'autre et à la comparaison sociale pour savoir quelle valeur accorder à l'output donné par l'employeur au regard de l'input, ce détour par l'autre reste superficiel. D'une part, il s'agit de prendre un point de repère pour évaluer « rationnellement » et de manière très détachée si le rapport entre ce que l'on donne et ce que l'on reçoit est « juste » ou non. La seule émotion désagréable proviendrait de l'inconfort cognitif produit par le constat d'un écart, que l'individu chercherait à annuler, en adaptant son comportement (par exemple, en travaillant moins afin de revenir

---

1. Adams (1965).

à l'impression d'un équilibre entre ce qu'il donne et ce qu'il reçoit, comparativement aux autres salariés) ou en modifiant ses perceptions (par exemple, en se persuadant que tel salarié, qui lui semble proportionnellement mieux payé que lui, effectue en fait un travail plus difficile que lui ou a plus d'ancienneté, ce qui peut justifier l'écart).

D'autre part, l'autre dont il est question dans cette théorie peut aussi bien être soi-même, mais dans un autre contexte : « *L'autre est habituellement un individu différent, mais peut aussi être la personne elle-même dans un autre poste ou dans un autre rôle social. Ainsi, l'autre peut être la personne elle-même dans un poste qu'elle occupait précédemment ; dans ce cas, elle pourrait comparer ses apports et sa rétribution présents et passés et déterminer si l'échange avec son employeur, présent ou passé, est équitable.* »[1]

La référence à l'autre et la comparaison avec lui n'ont finalement ici qu'une modeste portée, comparée à ce dont il s'agit dans l'envie.

Hypothèse d'un désir mimétique

C'est ici qu'il nous faut introduire la thèse de René Girard. À partir de l'étude de grandes œuvres littéraires, il perçoit une problématique du désir très différente de celle qui avait cours jusqu'alors. Pour Girard, la conception courante du désir, si elle permet à chacun de se croire libre et autonome dans ses choix, n'en est pas moins fausse[2]. Ce qu'il met en avant, c'est la dimension mimétique du désir : les hommes s'imitent les uns les autres et le désir de chacun n'est alors que le désir de l'autre. On ne désirerait que les objets qui nous sont désignés comme désirables par d'autres. Girard introduit ici, en place du couple sujet-objet, une relation triangulaire entre le sujet, l'objet et l'autre, dont le sujet imite le désir et qui joue ainsi le rôle de médiateur entre le sujet et l'objet.

---

1. Traduit librement d'Adams (1965, p. 280).
2. Je dois à Jean-Pierre Dupuy (1979) une partie des développements ci-dessous, notamment l'articulation *mimesis*, rival, modèle, envie, admiration et haine.

Fasciné par le désir de l'autre

Prenons l'exemple suivant raconté par le peintre new-yorkais Paul Jenkins, à propos de son ami Mark Rothko, grand maître de la peinture américaine contemporaine, à l'époque où celui-ci n'avait pas encore acquis sa réputation d'artiste majeur du XXᵉ siècle.

Cas 9 – « Rends-moi mon tableau »

À l'époque, Paul Jenkins et Mark Rothko avaient leur atelier respectif à quelques rues l'un de l'autre et se rendaient très régulièrement visite pour évoquer leur conception de l'art : *« Lors d'une visite à son atelier en 1956, j'ai eu le coup de foudre pour une petite toile et dis à Mark que je voulais la lui acheter. Il a accepté ce que je lui en offrais et, sa toile sous le bras, m'a raccompagné chez moi. Et puis, le lendemain, très agité, Mark m'a rappelé pour me dire qu'il avait besoin de récupérer sa toile et qu'il garderait mon chèque mais ne l'encaisserait pas. Je sais que mon vif désir pour cette toile a compté pour lui. Il s'en est confié à un ami, qui me l'a répété plus tard. »*[1]

Il semble, à la lecture de cet épisode, que le fait que son ami et collègue ait manifesté un tel désir pour le tableau ait soudain rendu celui-ci tellement désirable aux yeux de Mark Rothko qu'il lui soit devenu impossible de s'en séparer.

À quoi la conception du désir conçu comme mimétique aboutit-elle en termes d'envie ? Dans la conception classique d'un désir du sujet qui serait « autonome », c'est dans l'objet que réside la cause de l'émergence de l'envie : le sujet désire l'objet ; l'autre le possède ; l'envie se reporte donc sur celui qui apparaît comme un obstacle entre soi et l'objet. Elle serait une conséquence de la rareté de l'objet et du hasard qui fait que plusieurs ont porté leur dévolu sur le même objet[2]. Si l'on se trouve dans un contexte d'opulence où les ressources ne sont pas rares ou si les personnes peuvent porter leur choix sur des objets différents, alors il ne devrait pas y avoir d'envie.

---

1. Jenkins (2005).
2. Dupuy (1979).

Pour René Girard, cette conception masque totalement la vraie raison de la rivalité et de l'envie. C'est l'autre qui fascine le sujet, bien avant tout désir d'objet. Le sujet désire l'objet parce que l'autre, qu'il imite, le désire lui-même ou le montre comme désirable. L'objet en soi n'a dans ce cadre qu'une importance relative. La publicité nous donne à voir ce mécanisme de manière très claire : ce qui est souvent mis en avant, plus que le produit dans ses caractéristiques objectives, ce sont d'autres personnes qui désirent ce produit ou qui semblent comblées par sa possession. Le consommateur potentiel est alors invité à faire de même, à posséder ce produit que d'autres lui désignent comme désirable. Toute chose dont d'autres semblent pourvus et qui lui fait défaut est susceptible de devenir désirable du seul fait que d'autres paraissent la désirer.

De l'imitation à la violence

Le sujet imite donc l'autre ou plus précisément le désir de l'autre : ce faisant, il le prend pour modèle. Mais par un effet pervers, se choisissant un modèle, il le transforme en rival puisqu'il en vient à convoiter le même objet. C'est ainsi que se mettent en place les conditions d'une spirale de la violence. Girard montre que les sociétés primitives ont une connaissance implicite de ces mécanismes et essaient d'éviter tout ce qui relève du mimétisme et de l'imitation, pour ne pas laisser s'enclencher la violence qui s'ensuit. C'est ainsi que la vengeance, répétition de l'acte initial d'agression, est condamnée ou que les jumeaux sont écartés ou même tués. Les règles sociales et les interdits visent, selon lui, à maintenir des séparations et des différences entre les hommes.

Cette thèse permet réellement de mieux comprendre vers quoi nous entraîne l'imitation. La place fondamentale de l'imitation dans le développement humain, notamment chez les nourrissons et les enfants, était largement connue des spécialistes de l'apprentissage : c'est parce que le petit humain imite ceux qui l'entourent, qu'il est capable d'acquérir progressivement un ensemble de compétences motrices et langagières. Mais ce qu'apporte Girard, c'est de mettre en évidence la violence inéluctablement associée à l'imitation. La dimension conflictuelle est l'autre versant de l'imitation.

Mimesis, envie et rivalité

Modèle et rival, rival parce que modèle

On peut distinguer deux types de *mimesis* :

* le cas où le sujet et l'autre occupent des places de disciple et de maître et se savent tels ;
* le cas où ils occupent au contraire des places très proches et sont comparables.

Plus ils sont proches, plus l'imitation conduit le sujet à voir son modèle comme un rival, jusqu'à ce qu'il ne voie progressivement plus que cette dimension. En même temps, comme c'est l'autre qui continue de posséder l'objet, le sujet va répondre à la question « Pourquoi est-ce lui qui l'a et pas moi ? », en mettant en avant la supériorité du rival. Il ne peut alors se défaire du sentiment de sa propre infériorité et c'est là qu'émerge véritablement l'envie.

L'envie implique donc une relation à l'autre extrêmement complexe et douloureuse. D'une part, en effet, en désignant au sujet ce qui est désirable, l'autre introduit également la dimension intolérable du manque : le sujet prend conscience en même temps de ce qu'il désire et de ce qu'il n'a pas ce qu'il désire. C'est donc l'autre qui est à l'origine de l'envie et non pas l'objet, qui n'est que le prétexte au développement de celle-ci et vient masquer la véritable raison. D'autre part, l'envie est fatalement associée à des sentiments contradictoires, puisque celui que l'on prend pour modèle devient immanquablement rival.

L'admiration et la haine sont alors associées au cœur de l'envie : « *Le sujet éprouve donc pour son modèle un sentiment déchirant formé par l'union de ces deux contraires que sont la vénération la plus soumise et la rancune la plus intense. C'est là le sentiment que nous appelons "haine". Seul l'être qui nous empêche de satisfaire un désir qu'il nous a lui-même suggéré est vraiment l'objet de haine. Celui qui hait se hait d'abord lui-même, en raison de l'admiration secrète que recèle sa haine. Afin de cacher aux autres et de se cacher à lui-même cette admiration éperdue, il ne veut plus voir qu'un obstacle dans son médiateur [entre lui et l'objet]. Le rôle secondaire de ce médiateur passe donc au premier plan et dissimule le rôle primordial de modèle religieusement imité.* »[1]

Double *mimesis* et spirale de la violence

Dans ce processus, la relation entre soi et l'autre prend toute sa place, au point que l'objet s'efface complètement. Dans certains cas peut s'enchaîner un double processus d'imitation mutuelle.

En effet, le modèle est lui aussi un sujet qui cherche à fixer son désir et il attend qu'on lui désigne ce qui est désirable. C'est ce que fait le premier sujet du triangle sujet-modèle-objet : l'objet est transfiguré par l'attention que lui prête le sujet, qui lui donne ainsi une valeur particulière. Du coup, il devient soit réellement désirable, soit encore plus désirable pour le modèle. Celui-ci a besoin de sentir d'autres désirs pour pouvoir être conforté dans sa fixation sur l'objet ; il tend donc à entrer dans le jeu de la rivalité. Ainsi se met en place une spirale mimétique où chacun, sujet ou modèle, a contribué à l'émergence de l'autre en temps que rival. La circularité infernale du processus mimétique est maintenant bien en place : aucune recrudescence du désir de l'un n'échappera à l'autre et l'objet deviendra un enjeu de plus en plus important dans la rivalité sans fin ainsi installée. Il y a là une machine infernale alimentée par l'escalade du désir.

Prenons l'exemple du triangle formé par Monsieur de Rênal, Julien Sorel et Monsieur Valenod, dans le roman de Stendhal *le Rouge et le Noir*[2].

Cas 10 – Qui aura Julien Sorel ?

Monsieur de Rênal, gentilhomme et maire de Verrières, petite ville du Jura, envisage de faire du jeune Julien Sorel le précepteur de ses enfants. Pourquoi ? Ainsi que Stendhal nous le fait comprendre, il semble que la raison soit la

---

1. Girard (1961, p. 19), cité par Dupuy (1979, p. 61).
2. Girard (1961).

suivante : Monsieur de Rênal pense que Valenod, bourgeois gentilhomme affichant grand train, a la même idée en tête.

Plus loin dans le roman, Valenod fait en effet des avances en ce sens à Julien Sorel. Mais cela ne confirme qu'en apparence l'intuition initiale de Monsieur de Rênal. Valenod, par l'opulence qu'il affiche et la notoriété qu'il a dans la ville, est l'obsession de Monsieur de Rênal, qui le prend pour modèle et se demande ce que celui-ci pourrait bien désirer pour le devancer. Il imagine que Valenod a pour projet de prendre Julien Sorel pour précepteur et se met à désirer faire de même. Ce faisant, il désigne ainsi à son modèle devenu concurrent, l'enjeu de leur rivalité. Valenod manifeste alors à son tour son désir pour ce que désire Rênal et qui n'est autre que ce que celui-ci lui attribue comme désir.

L'illusion initiale est donc devenue réalité dans une spirale mimétique sans fin, dans laquelle chacun, tour à tour, imite ce qu'il croit être le désir de l'autre. L'objet échappe ici à chacun et n'a plus de réalité propre, tellement celle-ci s'efface dans la spirale de l'imitation réciproque. Il n'est plus qu'un prétexte pour alimenter celle-ci. Bien sûr, à l'extérieur de ce triangle mimétique, c'est-à-dire à un endroit non gagné par l'illusion, chacun se posera la question : « Que trouvent-ils à l'objet ? ». Mais, à l'intérieur, jamais le sujet n'admettra que son rival est aussi modèle, de même que le modèle n'admettra jamais être en rivalité avec le sujet, tandis que l'objet fixe désormais le désir de chacun pour qui il est devenu indispensable.

Le sujet ne perçoit pas le processus mimétique, il continue de croire qu'il désire l'objet pour ses qualités intrinsèques : « *La rivalité elle-même renforce cette illusion. Les antagonistes sont persuadés qu'une différence importante les sépare, sans quoi ils ne s'opposeraient pas. Ils ne peuvent concevoir que le différent s'enracine dans le même. La primauté apparente et trompeuse de l'objet persuade chacun des rivaux d'être la victime de l'autre.* »[1]

Bien que Girard présente ce mécanisme comme assez systématique, l'observation de la réalité nous conduit cependant à nuancer cette idée.

---

1. Dumouchel (1979, p.168).

Ainsi, dans le cas évoqué plus haut du tableau acheté par Paul Jenkins, ce dernier a accepté de rendre l'objet, malgré la force de son désir pour ce tableau. Il aurait pu souhaiter à tout prix le garder, cette toile devenant d'autant plus désirable que Rothko voulait la récupérer, ce qui aurait alors produit la spirale mimétique et l'enchaînement violent dont il est question ci-dessus. Son amitié très forte pour Rothko et son désir de maintenir la relation entre eux ont ici pris le pas. Cependant, le fait qu'il raconte cette anecdote en 2005, alors qu'elle s'est déroulée quasiment un demi-siècle plus tôt indique à quel point cet épisode a dû le marquer et combien son renoncement a dû lui coûter.

Une remise en cause difficile à accepter

Pourquoi la conception d'un désir mimétique à l'origine de l'envie est-elle si difficile à admettre ? En premier lieu, il s'agirait d'accepter qu'il nous est difficile de désirer par nous-mêmes et que l'énergie que nous mettons à acquérir telle ou telle chose (promotion, bien, statut, etc.) n'est finalement pas justifiée par sa valeur intrinsèque. Nous désirons intensément quelque chose que nous ne désirons pas en soi, mais que nous désirons surtout parce que nous imaginons qu'un autre nous la désigne comme désirable. Toute l'idéologie moderne qui pose l'autonomie du sujet dans ses choix et dans ses désirs se trouve ébranlée. Le sujet est plutôt envisagé ici comme un sujet désirant, et en cela habité par le manque, mais qui ne sait sur quoi fixer son désir. Dans son errance, il croise un autre pourvu de quelque chose qui lui fait défaut et qui semble donner à celui-ci une plénitude que lui-même ne possède pas. Cette apparente plénitude le fascine et le renvoie à la question lancinante : « *Qu'as-tu de plus que moi ?* » (pour avoir obtenu tel poste, avoir une si belle voiture ou paraître si heureux). La frontière entre soi et les autres est ici beaucoup plus poreuse qu'on ne l'envisage généralement.

Une deuxième raison tient certainement au fait que reconnaître l'importance des processus mimétiques, c'est reconnaître du même coup l'antériorité du modèle, ce qui revient à constater sa propre insuffisance d'être et à admettre un sentiment d'infériorité. L'envieux est fasciné par l'autre, par la place qu'il occupe, tandis qu'il se sent, d'une certaine manière, « déporté » de sa propre place[1].

Plus fondamentalement peut-être, accepter que notre désir provienne en partie de l'imitation d'un autre nous obligerait à accepter les conséquences qui en découlent (évoquées plus haut) : celui que l'on prend comme modèle est aussi celui que l'on hait ; c'est parce qu'on l'admire qu'on en vient à le haïr ! Il y a de quoi devenir fou à vouloir considérer tout cela parallèlement et le sujet, incapable de saisir en même temps les dimensions du modèle et du rival, oscille en permanence entre les deux.

C'est certainement pour cela que l'envie est une émotion douloureuse, très déstabilisante pour l'envieux : elle est associée à tant de dimensions potentiellement contradictoires et pourtant toutes reliées dans un enchaînement qui ne peut que lui échapper car lui en échappe toujours l'origine – le fait que ce qu'il désire, il le veut d'abord parce qu'il croit qu'un autre le désire.

Relecture des cas avec la théorie de la *mimesis*

L'intérêt essentiel de la théorie que je viens d'exposer est qu'elle nous permet de relier les observations *a priori* disparates ou contradictoires du chapitre 2.

Résumons-nous : l'envie s'observe bien entre pairs et dans des domaines identitairement importants pour l'envieux, puisque c'est dans ces domaines qu'il s'appuie sur des modèles dont il se sent proche et qu'il va imiter (on peut parler ici d'identification). En imitant l'autre, il désire forcément ce qu'il pense que l'autre lui désigne comme désirable. Le modèle devient rival et le fait qu'il ait ce quelque chose que l'envieux n'a pas va être interprété par celui-ci comme lié à ses propres limites. L'envie est donc associée à des ressentis contradictoires d'admiration et de haine pour l'autre et à un sentiment d'infériorité.

---

1. Hassoun-Lestienne (1998 a, p. 19).

L'envieux est poussé à entrer en compétition avec celui qu'il envie, ce qui peut le conduire à améliorer sa performance. Mais il risque aussi d'être écrasé par le sentiment de son infériorité. Une autre manière de devenir le rival de l'autre peut consister, plutôt que d'essayer d'avoir aussi « l'objet du désir de l'autre », à l'en priver, ce qui le ramènera à une position plus « égalitaire ». Mais les attaques contre l'envié peuvent être simplement la conséquence de la haine ressentie à son égard.

Stimulé par le rival

Prenons l'exemple évoqué antérieurement de la banque hongkongaise. Dans ce cas, parmi les candidats qui avaient été déboutés de leur demande de promotion, ceux qui se déclaraient plus envieux des personnes promues que les autres appréciaient moins celles-ci après l'annonce de nomination. Les envieux étaient aussi ceux qui, dès le départ, s'identifiaient le plus aux personnes promues et ceux qui obtenaient des performances plus élevées que leurs collègues moins envieux, cinq mois après la promotion[1]. La théorie de Girard nous fournit ici un cadre explicatif pertinent. La personne enviée est celle dont on se sent la plus proche et qui sert de modèle à l'envieux. Celui-ci ressent à la fois de la haine ou de l'hostilité envers celui qui est devenu un rival (mais n'en était pas un auparavant). En même temps, ce que l'autre a obtenu devient encore plus désirable pour l'envieux qui va tout faire pour l'obtenir (ici, une promotion : l'envieux va essayer d'améliorer sa performance pour avoir plus de chances d'être promu par la suite), contrairement à ceux qui se sentent moins comparables aux promus et ne sont pas envieux.

Ami et rival

Un autre exemple de désir mimétique dans l'envie nous est donné par le cas du professeur qui découvre que son collègue et ami a trouvé un poste dans une meilleure université et se sent envieux, tout en se

---

1. Schaubroeck et Lam (2004).

demandant s'il ne pourrait pas lui aussi évoluer dans sa carrière. Au chapitre 2, j'ai interprété cela comme la manifestation de désirs anciens qui avaient ainsi été ranimés. Mais il se peut aussi que son collègue ait clairement désigné ce qu'il était censé désirer lui aussi (un meilleur poste et une évolution de carrière). Il a peut-être désiré autrefois évoluer ainsi, mais le fait d'être entouré de personnes qui restaient dans cette université de province pouvait être interprété comme le signe que cela aussi (être en poste dans une université moins prestigieuse et avoir ainsi une vie plus tranquille) était désirable, puisque d'autres s'y trouvaient bien. Tout à coup, son ami vient perturber l'équilibre, en désignant un autre objet de désir. C'est justement parce que le professeur se sent très proche de lui qu'il est réceptif à ce désir, qu'il en tient compte et qu'il s'imagine lui aussi en train de chercher un meilleur poste.

Écrasés par les héros

Prenons enfin le cas du programme « Facteur Gagnant », dont l'effet principal est d'avoir désigné des « héros », modèles à suivre pour les autres. Ces héros obtiennent une reconnaissance de la part de la direction, tandis que les salariés qui ne sont pas mis en avant se sentent dévalorisés par rapport à eux. Ceux qui étaient des égaux deviennent soudain des modèles ; à partir de ce moment-là, l'envie se développe dans le système. Ici, les effets de l'envie ne sont pas d'améliorer la performance de ceux qui ne sont pas valorisés : en effet, la distance mise avec les « héros » leur semble certainement trop grande et trop irréelle pour les stimuler. Bien au contraire, c'est un retrait généralisé qui s'observe. L'envie ici ne pousse pas à la rivalité mais à un repli sur soi.

Une relation à l'autre ambiguë

Dans les cas d'envie en contexte de travail décrits au chapitre 2, c'est souvent l'aspect destructeur de l'envie qui a été souligné : lorsque l'envie conduit à la dissolution de la structure de conseil créée par Guy et Pierre, lorsque le département formation est gêné parce que les services d'entretien et de restauration ne collaborent pas ou lorsque la jeune professeure n'est pas promue par la commission qui l'évalue. Mais il est très probable que, dans chaque cas, soient associés des sentiments d'admiration et de haine à l'égard de l'envié, modèle et rival, et des sentiments d'infériorité liés au désir de faire mieux chez l'envieux.

C'est là toute l'ambiguïté associée à l'envie : dans la mesure où elle se développe dans une relation où l'autre est tout d'abord un modèle, n'est-elle pas aussi ce qui peut nous pousser à agir ? N'est-elle pas un facteur de développement tout autant qu'un poison ? N'est-ce pas en partie sur l'envie que se construit l'enfant ? Lorsqu'une mère dit à son enfant : « *Regarde, ton frère sait faire ses lacets. Tu sauras bientôt les faire toi aussi.* », ne joue-t-elle pas implicitement sur l'envie pour l'inciter à progresser ? On peut envier ce frère, mais on sait aussi que l'on pourra être comme lui. Le modèle permet de progresser, tout en risquant de devenir rival. Le tout est d'éviter que la rivalité ne se transforme en une spirale de violence non maîtrisable. Et la question du modèle est sous-tendue par un rapport à l'autre qui reste infantile.

Pour les organisations, il semble que la problématique est bien là : si les modes de management jouent sur des processus qui libèrent l'envie pour stimuler la performance, ils risquent également de déclencher une violence néfaste pour le système. Il s'agit donc d'être conscient de ses effets contradictoires et de bien cerner l'impact de ces modes de management, du point de vue de l'envie et de ses conséquences. C'est ce que nous allons explorer dans le chapitre suivant.

Chapitre 4

COMMENT LES SYSTÈMES DE MANAGEMENT PRODUISENT DE L'ENVIE

Comme je l'ai précisé au début de ce livre, je ne m'intéresse pas à l'envie maladive, liée à une pathologie chez l'individu ou à un trait de personnalité très marqué. Ce qui m'intéresse, c'est l'envie en tant qu'émotion fondamentalement humaine, susceptible d'être ressentie par la plupart des personnes et de se manifester dans et en rapport avec les contextes de travail. Le processus mimétique ne se produit pas « hors système », au contraire. René Girard montre que les systèmes sociaux renforcent l'envie ou ont pour fonction d'éviter qu'elle ne se généralise et n'aboutisse à une violence incontrôlable, risquant de faire exploser le système (cette fonction, toujours masquée, agit à l'insu des membres du groupe). C'est en cela que la théorie de la *mimesis* ne fait pas de l'imitation un processus automatique. Elle en fait plutôt un processus propre au comportement de l'être humain en groupe, mais susceptible d'être contenu par le système.

Ma préoccupation dans ce chapitre va être de comprendre en quoi les systèmes organisationnels et les modes de management peuvent contribuer à ce que l'envie se développe et, surtout, à ce qu'elle reste discrète et peu active ou, au contraire, engendre une forte violence. Le problème de l'envie dans les organisations n'est pas qu'elle apparaisse, car elle est inhérente au fonctionnement de l'individu dès lors qu'il se trouve avec d'autres personnes, surtout lorsqu'il existe des enjeux de comparaison et d'évaluation par rapport à ces personnes (ce qui est une caractéristique fondamentale de la plupart des organisations). Le problème, selon moi, est plutôt que certains systèmes laissent l'envie devenir une composante majeure de leur mode de fonctionnement, au risque de déboucher sur une spirale de violence destructrice.

Un autre problème se pose avec l'envie dans les organisations : il ne faudrait pas, pour la canaliser, aboutir à des modes de fonctionnement archaïques, dont je donnerai des exemples. Tout l'enjeu semble donc être le suivant : il s'agit de laisser l'envie se manifester car elle est inhérente au mode de fonctionnement de la plupart des organisations, tout en évitant qu'elle ne produise de graves dommages. La partie n'est pas gagnée !

Comprendre de quelle manière les systèmes d'organisation et les modes de management peuvent avoir un impact sur le développement de l'envie au sein des organisations n'est pas aisé, car à ma connaissance ce sujet n'a pas été abordé. Pour y réfléchir, je m'appuierai donc tout d'abord sur la sociologie et sur l'anthropologie qui ont étudié comment certaines communautés humaines se sont organisées pour traiter le problème de l'envie et éviter qu'elle ne détruise le groupe, mais aussi sur les cas que j'ai recueillis et qui se déroulent dans des organisations.

L'utopie égalitaire[1]

En ce qui concerne l'envie, l'erreur la plus importante serait d'imaginer pouvoir l'éradiquer des entreprises et, plus généralement, des organisations.

---

1. Je parle ici des sociétés fondées sur les idées socialistes et collectivistes. Cependant, pour John Rawls (1971) par exemple, les véritables sociétés égalitaires se trouvent du côté des démocraties occidentales, dans lesquelles les citoyens sont égaux en droits, sans que cela se traduise dans la pratique par une uniformisation de chacun.

On pourrait en effet penser qu'en rendant les hommes d'un groupe strictement égaux et en effaçant les différences entre eux, on supprimerait ainsi les raisons d'être envieux. Certes, l'envie n'est jamais reconnue comme à l'origine de la revendication égalitaire, laquelle s'appuie plutôt sur le concept de lutte contre les inégalités et de justice entre les hommes. L'idée essentielle est que les principaux problèmes sociaux seraient résolus si les hommes vivaient dans une parfaite égalité. Malgré les difficultés pratiques que représente la mise en œuvre d'une telle volonté, cette utopie égalitaire a été expérimentée dans certaines sociétés collectivistes, notamment dans les *kibboutzim*[1].

Cas 11 – L'expérience des *kibboutzim*

Les *kibboutzim* sont des villages communautaires d'Israël Ces communautés ont choisi de vivre selon l'idéal socialiste, avec une mise en œuvre très stricte de cet idéal. L'objectif du *kibboutz* est de rendre possible la vie communautaire dans sa forme la plus accomplie, en respectant le principe d'individus absolument égaux veillant à tout mettre en œuvre pour le rester. L'application de ce principe a pu prendre des formes extrêmes : à certaines époques et dans certains *kibboutzim*, les vêtements de travail et le linge de corps ne pouvaient être personnels et devaient être lavés dans la laverie communautaire avant d'être redistribués. Cette pratique caricaturale a été abandonnée, mais elle montre le souci qu'a la communauté que l'égalité soit instaurée dans chaque détail de la vie quotidienne. Cela se traduit par l'élimination de tout avantage économique ou matériel, par des structures sans hiérarchie, sans division des tâches *a priori*, sans autorité régulièrement reconnue ou déléguée.

Ces communautés ont fonctionné depuis longtemps et dans le respect des principes initiaux (contrairement à l'ensemble des systèmes socialistes). Elles constituent donc un terrain d'observation privilégié pour qui s'interroge sur l'effet des structures et des modes de fonctionnement sur l'envie : a-t-on réussi à créer une atmosphère d'où toute envie serait absente ? Comment se comportent les personnes

---

1. Schoeck (1966, chapitre 17) qui s'appuie sur les anthropologues du *kibboutz* (1930-1960), notamment Spiro (1958), le plus connu d'entre eux.

qui ont été élevées depuis leur naissance dans une telle société et ont donc été préservées des influences de l'individualisme ? La réponse est sans appel : dans ces communautés, le problème de l'envie n'est ni résolu, ni éliminé.

Chassez l'envie par la porte...

Tout d'abord, le fait d'avoir intégré la règle « Tu ne deviendras pas différent des autres, tu dois rester l'égal des autres » conduit à un manque d'innovation et à de l'inertie, du fait de la grande culpabilité ressentie à se différencier des autres. La mauvaise conscience due à des inégalités réelles ou imaginaires dont on serait responsable bloque l'initiative individuelle. Il s'agit surtout de tout faire pour ne pas provoquer l'envie des autres. L'opprobre pèserait sur celui qui se montrerait plus imaginatif et plus doué que les autres, dès lors, il ne serait plus un égal. L'aspect intellectuel est largement inhibé : l'intellectuel, forcément engagé dans une pensée personnelle, affirme ses idées comme siennes et se différencie clairement des autres, rompant ainsi avec l'idéal d'égalité.

Ce constat se retrouve dans l'étude des révolutions populaires. Dans de nombreux cas, la violence s'attaque aux intellectuels, coupables d'en savoir plus que les autres ou d'affirmer leur singularité. Dans la révolution culturelle chinoise, par exemple, il est flagrant que c'est l'envie qui est à l'origine de la violence radicale observée à l'encontre des intellectuels[1].

Le deuxième enseignement tiré de l'expérience des *kibboutzim* est que, dans ces structures, l'envie reste malgré tout présente. Dans un contexte où tout est fait pour que tous se ressemblent, la moindre différence prend des proportions énormes. Tout peut devenir prétexte à l'envie : un goût particulier, un hobby, une réalisation. C'est ici qu'il est utile d'utiliser la théorie girardienne : plus les individus sont proches et comparables, plus la comparaison permanente est facilitée et plus les effets de mimétisme sont exacerbés. Par ailleurs, l'idéologie

---

1. Stein (2000 b).

communautaire, en développant la conformité, renforce l'idée que ce que l'un désire, tous seraient censés le désirer.

L'erreur fondamentale de l'idéologie égalitaire est liée, encore une fois, à sa conception de ce qui est à la source de l'envie. Considérer que la stricte égalité entre les hommes et la répartition identique de chaque chose (entendue au sens large) supprimeraient l'envie, c'est, encore une fois, considérer que l'envie prend racine dans les caractéristiques intrinsèques de l'objet et dans sa rareté. Dans cette conception, si chacun a exactement pareil, il n'y a plus de raison d'être envieux. Mais c'est l'autre et toujours lui qui est à la source de l'envie. L'autre peut toujours être perçu comme ayant une caractéristique qui lui est propre et qui, par le jeu de la *mimesis*, révèle au sujet son manque d'être et son désir d'avoir lui aussi cet « en plus ». Plus l'autre est rendu comparable par le biais du système égalitariste, plus la moindre différence prend de relief.

Peur de l'envie et mort du groupe

Si nous transférons ces observations aux organisations, nous pouvons émettre l'hypothèse suivante. Une structure organisationnelle fondée sur un idéal égalitaire, appliqué dans les moindres détails, aurait, d'une part, des conséquences désastreuses en termes d'innovation, de productivité et de capacités à évoluer du fait de la peur d'être envié, d'autre part, ne parviendrait pas à éviter les sentiments d'envie. Bien au contraire, elle les faciliterait. L'envie et la peur d'être envié aboutiraient à des organisations régressives, peu dynamiques et non exemptes de violence plus ou moins larvée.

Bien sûr, il est peu probable de retrouver l'idéologie égalitaire sous des formes aussi abouties que celles du *kibboutz* dans d'autres types d'organisations du monde occidental. Mais cela n'empêche pas qu'elle puisse s'y trouver sous des formes atténuées. Le cas suivant va nous permettre d'en donner un exemple[1].

---

1. Données personnelles.

Cas 12 – Groupe et fantasme d'égalité

Un groupe de personnes appartenant à des institutions différentes souhaitent réfléchir aux évolutions dans leur domaine de compétences et échanger autour de leurs pratiques. La plupart d'entre elles sont enseignants-chercheurs en grande école ou à l'université.

Les premières réunions sont riches et les échanges fructueux. Assez rapidement, émerge l'idée que le groupe puisse « produire » à partir des réflexions qui y ont lieu. La production en question peut prendre différentes formes : participation à des colloques, écriture d'un ouvrage commun, etc. Certains membres du groupe soulignent qu'il est essentiel que ce qui émerge du groupe ne soit pas utilisé par les uns et les autres dans des productions individuelles. Ce qui est discuté dans le groupe lui appartiendrait exclusivement. Il y a là comme une peur fantasmatique, primitive, que la nourriture soit enlevée au groupe, si certains développaient leurs idées dans d'autres contextes.

En fait, cette position est intenable car, chacun étant engagé dans un travail de recherche personnel et celui-ci étant un processus continu, personne ne peut garantir que tout ce qu'il produit en dehors du groupe n'est pas en partie lié au travail de ce même groupe. C'est bien le propre du domaine intellectuel, comme je l'ai souligné plus haut, que l'affirmation de ses idées s'exprime de manière personnelle à un moment ou à un autre du processus. Cela suppose donc d'admettre que le groupe ne soit plus un groupe fusionnel, dans lequel les uns et les autres sont indissociablement liés et dépendants les uns des autres, et d'accepter qu'un processus de différenciation se mette en place. Il s'agirait aussi de reconnaître que la contribution de chacun au processus collectif puisse être différente. Enfin, il faudrait accepter l'envie potentielle, liée à la plus ou moins grande réussite des uns et des autres à développer leurs idées en dehors du groupe.

L'idéologie égalitaire et solidaire qui prévaut dans ce groupe sert en fait à masquer la peur de l'envie. Mais elle conduit à la mort du groupe : certains membres n'y participent plus par peur de se voir reprocher d'utiliser la réflexion commune dans leurs propres écrits, la méfiance s'installe et la richesse des échanges diminue progressivement. La peur d'être envié freine toute innovation. Le groupe reste à un stade de fonctionnement archaïque pour ne pas laisser l'envie s'exprimer. Le principal fantasme en vigueur au sein du groupe est que chacun serait identique à l'autre et contribuerait de manière égalitaire à la production collective. En même temps, sous l'effet d'un paradoxe apparent, l'envie est quand même présente, bien que larvée, car certains membres du groupe surveillent attentivement que personne ne se différencie, ce qui ne manque pas de se produire. La structure finit par disparaître assez peu de temps après qu'ait été évoquée la question de la « production » du groupe.

Pour conclure sur cette partie, il apparaît donc que l'envie est certes une émotion qui peut avoir des conséquences négatives, mais que les moyens mis en œuvre pour essayer de lutter contre elle peuvent, dans certains cas, nuire fortement au développement du système et produire l'effet inverse de celui qui est initialement (et souvent inconsciemment) recherché.

Envie et violence généralisées comme système d'incitation à la performance

L'envie, nous l'avons vu, est le corollaire de cette tendance très humaine à désirer ce que nous imaginons que d'autres nous désignent comme désirable, ce qui par là en fait nos rivaux. L'envie est donc susceptible de s'accompagner à la fois d'admiration et de haine pour le modèle/rival. De plus, par un effet de *mimesis* réciproque, plus nous devenons proche de celui-ci et lui désignons ce que nous désirons, plus il lutte pour conserver ce qu'il détient.

Pour les organisations, notamment les entreprises modernes dont les modes de management cherchent à stimuler en permanence la performance de leurs salariés dans une course sans fin, jouer sur l'envie pour pousser chacun à s'améliorer et à aller toujours plus loin dans ses résultats pourrait paraître pertinent. Cependant, l'utilisation délibérée d'un tel levier d'action comporte d'énormes risques.

Au chapitre 2, j'ai abordé des cas où l'envie était une conséquence de certaines situations ou de certains modes de management, mais où l'encadrement n'était pas conscient de l'apparition de cette émotion et de ses conséquences pour les équipes. Ainsi, dans le cas du programme « Facteur gagnant », les dirigeants sont persuadés de bien faire en valorisant et en récompensant certains employés et n'ont pas imaginé que ces pratiques puissent générer de l'envie.

Cependant, dans certaines entreprises ou dans certaines équipes, l'envie est délibérément utilisée comme un moyen de stimuler la performance individuelle et érigée en système généralisé. Nous allons développer ici le cas d'une entreprise de distribution que nous appellerons Punchy[1].

Cas 13 – Pratiques de stimulation de la force de vente

Punchy, enseigne spécialisée dans la vente d'électrodomestique (télévision, hi-fi, électroménager, multimédia), s'appuie sur des magasins répartis sur tout le territoire français. Nous nous intéresserons à un magasin en particulier, situé dans le nord de la France et composé d'une trentaine de personnes encadrées par un directeur, secondé d'un chef des ventes.

Les vendeurs sont payés essentiellement à la commission qui tient surtout compte du chiffre d'affaires réalisé et de la marge dégagée sur chaque produit. Pour inciter la force de vente, la pratique des concours et de la compétition générale est instaurée au niveau de l'enseigne. Des concours opposent fréquemment les vendeurs de tous les magasins de la région. Ces concours concernent surtout le nombre de pièces vendues, le nombre de produits obsolètes vendus et le taux de placement des extensions de garanties payantes. Les performances sont calculées au prorata du nombre d'heures travaillées pour chacun.

Ainsi, tous peuvent participer à ces concours, qu'ils soient à temps partiel, à temps plein, en contrat à durée déterminée, en contrat à durée indéterminée ou stagiaires. Les classements sont effectués régulièrement et les résultats divulgués tous les mois. Des récompenses financières sont octroyées, en fonction de la place acquise à ces concours : 150 euros pour le premier, 90 pour le deuxième et 60 pour le troisième (sur toute la région). L'encadrement des magasins a l'obligation formelle de se servir de ces concours dans le cadre de l'animation de la force de vente.

---

1. Leroy (2000), Vidaillet (2006).

© Groupe Eyrolles

Au niveau du magasin, le directeur intensifie ces pratiques et en revendique l'efficacité. Souvent, le samedi, jour d'affluence, il met en place des concours supplémentaires où il s'agit de gagner une bouteille de champagne, des bons d'achat ou un CD, en fonction du chiffre d'affaires réalisé. Il utilise également ces incitations lors d'événements particuliers comme la fête des mères. De plus, le classement des vendeurs suivant le chiffre d'affaires réalisé la veille est quotidien : l'affichage se fait de celui qui a réalisé le meilleur chiffre à celui qui a réalisé le moins bon. En face des trois premiers noms est écrit « premier », « deuxième » et « troisième » et en face du nom du dernier « dernier ». À chaque résultat est associé un commentaire : *« Enfin le réveil ! », « N'oublie pas les garanties. », « Les autres : c'est comme ça qu'il faut bosser ! »* ou au dernier ironiquement : *« C'est très bien, continue sur ta lancée… ».* Il s'agit, d'après le directeur, de piquer l'orgueil des vendeurs ainsi désignés, de créer une émulation et d'utiliser les réactions de fierté de la force de vente pour augmenter quotidiennement les performances de chacun. Cette comparaison quotidienne sur les chiffres se fait aussi en entretiens, lors desquels le directeur compare ouvertement la personne reçue avec tel ou tel autre vendeur. La plupart des pratiques de management de ce magasin se retrouvent dans d'autres points de vente.

Le magasin est divisé en univers et en rayons et chaque vendeur est normalement affecté prioritairement à un univers. Cependant, chacun peut vendre dans des rayons qui ne sont pas son domaine d'expertise, l'objectif étant de faire du chiffre. Cette manière de faire atteint son paroxysme lorsqu'arrive une nouvelle vendeuse, auparavant dans un autre magasin de l'enseigne, capable de vendre indifféremment n'importe quel produit et d'aller dans tous les rayons. Surnommée « la tueuse » par ses collègues et par la direction, sa présence est appréciée par la direction car *« les autres vendeurs vont devoir lutter pour rester à niveau et surtout se dépêcher d'aller voir les clients car […] il n'y aura plus de monopole protecteur. Ils vont être obligés de se bouger, c'est une tueuse et elle n'est pas venue pour se faire des amis. »*[1]

Dans ce contexte, la rivalité est permanente. Les vendeurs se prêtent volontiers à cette compétition interne. Ainsi surveillent-ils attentivement les listes publiées quotidiennement et les résultats des concours régionaux, lors desquels ils peuvent se comparer également aux salariés des autres points de vente. Il arrive souvent qu'un vendeur finissant dernier lors d'une journée se classe dans les premières places le jour suivant. C'est ainsi que l'un d'entre eux affirme : *« Tu as vu, j'ai encore fini dernier hier. Aujourd'hui, je vais tout casser, […] je vais leur montrer qui c'est la bête. »*[2]

1. Entretien avec le directeur.
2. Données d'observation participante (Leroy, 2000).

Globalement, les résultats du magasin sont bons sur les critères d'évaluation. Cependant, les impacts négatifs de ces pratiques sont significatifs. Les accrochages entre vendeurs sont fréquents. Les disputes ont souvent lieu devant les clients, parfois même pris à partie, notamment lorsqu'ils s'apprêtent à signer un bon de commande ou demandent des renseignements à une autre personne que celle qui les avait initialement renseignés. Les vendeurs s'accusent mutuellement de se « *voler les retours* » (vendre un produit à un client déjà renseigné par un autre vendeur) ou de se « *voler une vente* ». Ces accrochages peuvent aller jusqu'à l'insulte et aux menaces, proférées devant les clients. Le directeur refuse de s'immiscer dans les conflits, même lorsqu'il est pris à partie. Il considère qu'il est « *toujours bon de garder une pression sur les vendeurs. C'est toujours bon de les faire se fritter pour être combatifs et leur faire se bouger le c… »*[1]

Les relations entre membres du personnel sont très dégradées : certains ne se parlent plus depuis des mois, suite à une dispute. L'ambiance de travail est peu agréable. Il n'existe aucune solidarité entre vendeurs et certains actes peuvent s'apparenter à du sabotage. Lorsqu'un vendeur apprend l'annulation d'une livraison, il ne prévient pas son collègue qui a réalisé la vente, ce qui a des répercussions finales sur les clients. Plus généralement, ceux-ci, outre qu'ils assistent régulièrement aux disputes et invectives au sein de la force de vente, peuvent se trouver accusés par un vendeur de ne pas comprendre qu'il est payé à la commission. Certains supportent mal que les vendeurs se précipitent sur eux pour les renseigner, essayant ainsi de les capter pour éviter qu'un autre ne le fasse. Des clients se plaignent d'avoir été renseignés par des vendeurs ne connaissant pas les produits et leur donnant des informations très différentes de celles obtenues auprès d'un collègue. Il faut également préciser que les vendeurs, même lorsqu'ils sont avec un client, s'observent en permanence, au point qu'ils peuvent abandonner un client non décidé pour aller faire une vente avec un autre client s'ils voient que des collègues vendent plus qu'eux.

Rivalité exacerbée

Nous avons ici un bel exemple de système où la spirale mimétique est à l'œuvre, dans laquelle s'enchaînent l'envie, la rivalité et la violence, utilisées délibérément comme moyen de stimuler les individus. La *mimesis* est généralisée en principe. Il s'agit en permanence d'être

---

1. Entretien avec le directeur.

comparé, piqué au vif. Le sentiment d'infériorité déclenché par les processus de comparaison associé à la désignation ouverte de modèles (premier, deuxième, troisième…) est utilisé pour pousser la personne à augmenter ses performances. L'objet (faire des ventes, gagner les commissions qui y sont associées et/ou gagner les concours) n'est qu'un prétexte entre des individus obsédés par les autres et par leurs positions respectives.

Bien sûr, l'objet n'est pas ressenti comme secondaire par les participants puisque leur rémunération en dépend. Il est même transfiguré par le désir mimétique : du moment que d'autres semblent également le désirer avec une réelle intensité, il prend une place essentielle. Ce processus est manifeste lors des compétitions propres au magasin, où l'enjeu peut sembler dérisoire à des observateurs extérieurs relativement à l'énergie qui est mise à l'obtenir : une bouteille de champagne, un CD, un bon de réduction… Tout objet fera l'affaire, du moment qu'il semble désirable et désiré par suffisamment de personnes pour que le processus de rivalité mimétique s'enclenche.

L'envie généralisée est facilitée par le fait que l'organisation a enlevé toute barrière entre les vendeurs, les rendant du coup toujours plus proches. C'est ainsi que les salariés en contrat à durée indéterminée, à durée déterminée, à temps plein, à temps partiel et les stagiaires s'affrontent tous sur le même critère (chiffre d'affaires) et que les vendeurs sont encouragés à aller vendre des produits dans tout le magasin, même lorsqu'ils ne sont pas spécialistes des produits en question.

Dans un univers où les différences s'estompent peu à peu, les individus sont happés par une spirale qui les broie. Moins il y a de barrières pour canaliser le désir mimétique, plus les hommes sont proches, plus se déploie le phénomène de *mimesis*. Les barrières n'existent plus, les différences sautent et la violence se généralise. Chacun est entraîné inéluctablement, toujours plus loin, dans un processus mimétique et dans la spirale de l'envie et de la rivalité. Le rôle de l'encadrement est fondamental ici, car il excite le phénomène :

- en instaurant la comparaison permanente sur très peu de critères (ce qui renforce la proximité entre les individus) ;

- en mettant en scène cette comparaison et en désignant des modèles ;
- en associant la comparaison à des jugements de valeur jouant sur le sentiment d'infériorité ;
- en contribuant à donner à l'objet mis en jeu (chiffre d'affaires à atteindre, bouteille de champagne à gagner) son caractère désirable.

À quel prix ?

Certes, le système peut sembler pertinent pour l'organisation, puisque la performance globale du magasin, et plus largement de l'enseigne, est correcte. Mais le coût n'en est pas moins élevé : service client médiocre, important turnover, mauvaise ambiance de travail, incapacité à fonctionner en équipe. Si des critères plus complexes et plus subtils (satisfaction du client, taux de fidélisation, frais de recrutement du personnel, etc.) étaient utilisés pour évaluer la performance, les résultats obtenus seraient bien évidemment relativisés. Dans ce cas, le recours à l'envie comme fondement du mode de management a entraîné une certaine émulation, tout en déclenchant une spirale de violence dont les conséquences ne sont pas contrôlées et peuvent à terme être très dommageables pour la survie de l'organisation.

Cet exemple extrême nous permet de mettre en avant des caractéristiques organisationnelles susceptibles de favoriser le sentiment d'envie chez les salariés : lorsque le système s'appuie sur la comparaison permanente entre les individus, met en scène ces comparaisons et incite à interpréter les écarts entre individus comme liés à des différences de valeur. Nous allons passer en revue ces différentes pistes.

Des systèmes qui favorisent la comparaison et le développement de l'envie

La couverture du numéro d'octobre 2005 du magazine *Enjeux-Les Échos* ne saurait être plus éloquente : on y voit un gros biceps gonflé, entouré par un mètre-ruban qui en mesure la circonférence. En gros titre : « Management : comment on vous évalue au travail ». L'analogie est claire : ce qui est évalué, c'est la performance. L'évaluation est réduite à une mesure, elle est quantifiée et la mesure est la même pour tous : c'est le mètre, étalon par rapport auquel chacun, quelles que soient sa fonction et les spécificités de son activité, va être ramené. Ainsi, chaque salarié est réduit à une seule dimension et pourra donc être comparé à n'importe quel autre salarié : il suffira de se situer en fonction de la mesure prise. Cette image est loin d'être anecdotique. Bien au contraire, elle semble condenser, en une seule représentation, l'état actuel des pratiques d'évaluation, de comparaison et d'incitation en vigueur dans la plupart des organisations.

Hyperrationalisation, informatisation et recours croissant aux normes

Plus les individus sont proches et comparables, plus le processus mimétique est susceptible de se déclencher et, par le phénomène de réciprocité déjà évoqué au chapitre 3, d'aboutir à l'envie et à la violence généralisées. Le désir mimétique crée du même, de la ressemblance, de la perte d'identité. Selon Girard, tous les aspects des cultures humaines traditionnelles auraient pour fonction fondamentale de créer en permanence des différences permettant de situer chacun et toutes choses et ainsi de limiter les processus mimétiques, tout en masquant l'existence même de ces processus. C'est ainsi, par exemple, que, dans les sociétés traditionnelles, les jumeaux et plus généralement les ressemblances familiales vont être craints car toute ressemblance évoque le conflit et renvoie à une menace de répétition de la violence. Quant aux rituels, la plupart auraient pour fonction inconsciente de réintroduire dans la communauté des différences entre les individus, tandis que les règles sociales permettraient de les maintenir. Par exemple, les hommes vont aller chercher leur épouse en dehors de la famille ou les distinctions liées à l'âge vont être soulignées par des rites de passage très marqués.

Dans les organisations contemporaines, au contraire, les modes de fonctionnement et les systèmes de management vont plutôt dans le sens d'une possibilité de comparaison toujours plus importante entre individus.

Obsession de la performance

En effet, dans la plupart des entreprises, mais également dans la sphère publique, se sont développées des pratiques d'évaluation, d'incitation et de gestion de carrière qui reposent principalement sur la fixation de critères et d'objectifs restreints. La quête toujours accrue de performance et sa mesure à travers des critères simples tels que le chiffre d'affaires ou la marge réalisée se sont généralisées. L'utilisation de normes et d'outils de gestion standardisés conduit à pouvoir analyser et contrôler l'activité de la plupart des salariés sur la base d'indicateurs qui, dans la pratique, se résument souvent à un volume ou à une valeur de l'activité.

J'ai évoqué le cas de l'entreprise Punchy, mais toutes les entreprises de distribution utilisent comme outil de gestion essentiel le chiffre d'affaires et la marge réalisés par un rayon, par un magasin, par une région, etc., et ce sur une base quotidienne. Dans la plupart des enseignes, un chef de rayon est chaque jour évalué et comparé avec non seulement les autres chefs de rayon de son magasin, mais aussi et surtout avec ceux qui sont responsables d'un rayon identique dans les autres magasins de l'enseigne définis comme comparables. Quel que soit le secteur d'activité, la fonction commerciale se sert depuis longtemps de tels outils, tant pour fixer les objectifs de la force de vente que pour mesurer l'activité réalisée. Chez McDonald's[1], les caissiers sont évalués heure par heure sur leur productivité, mesurée par le montant de leur encaissement tandis que les équipiers en cuisine sont évalués sur leur taux de perte et sur leurs capacités à répondre à la demande en temps voulu. Je pourrais multiplier les exemples à l'infini, tant la plupart des entreprises utilisent de telles méthodes.

Le recours à des critères de mesure de la performance est ancien et caractérise l'organisation moderne telle qu'elle s'est développée au XXe siècle, à partir des préceptes tayloriens. Dans la conception taylorienne, fondée sur une organisation scientifique du travail, les activités sont fragmentées en tâches élémentaires, très spécialisées, dont la réa-

---

1. Weber (2005).

lisation peut être confiée à des ouvriers très peu qualifiés, chargés de répéter indéfiniment la même tâche. La standardisation des tâches permet de quantifier précisément le nombre de pièces à faire, en fonction du temps imparti pour chaque tâche. L'activité de chacun est soumise à la réalisation d'objectifs quantifiés et précis, dans le cadre d'une recherche permanente de rendement et le paiement se fait à la pièce. Ces principes sont au fondement du développement de nombreux secteurs industriels, tels que le secteur automobile à partir de 1940 aux États-Unis.

Cette rationalisation s'est intensifiée depuis, avec des systèmes tels que McDonald's, entreprise emblématique de l'hyper rationalisation des processus[1]. L'utilisation de l'outil informatique depuis la fin des années 1980, puis le développement de progiciels de gestion intégrés[2] (de type SAP) depuis une dizaine d'années, dans de nombreuses entreprises, ont renforcé cette évolution, en permettant une mesure de plus en plus précise, individuelle et en temps réel de l'activité, ainsi qu'une uniformisation et une rationalisation croissante des processus de gestion.

Normes, standards et labels

Ajoutons à cela l'obsession, de plus en plus répandue dans tous les secteurs d'activité[3], pour les normes, les standards et les labels. C'est ainsi que l'organisation internationale de normalisation (ISO), plus grand organisme de normalisation du monde ayant pour principale activité l'élaboration de normes techniques, a pris une dimension essentielle et joue un rôle dans de nombreux secteurs. « *Alors que les normes ISO sont, dans leur grande majorité, spécifiques à un produit, un matériau ou un processus, les normes ISO 9000 et ISO 14000, utilisées dans les organisations du monde entier, sont des normes génériques de management. Le terme "généri-*

---

1. Ritzer (1996).
2. ERP : *Enterprise Resource Planning.*
3. Nils Brunsson et ses collaborateurs (2000) montrent à quel point le développement de la normalisation est un enjeu majeur dans le fonctionnement de notre société développée et de nos organisations.

que" signifie que les mêmes normes peuvent être appliquées à tout organisme, grand ou petit, quel que soit son produit, y compris s'il s'agit d'un service, dans tout secteur d'activité, et que l'organisme soit une entreprise commerciale, une administration publique ou un département gouvernemental. Le terme "système de management" se rapporte à ce que l'organisme fait pour gérer ses processus ou activités ».[1]

Une conséquence du recours à ces normes est de renforcer l'utilisation de critères quantitatifs et communs permettant d'évaluer l'activité des membres de toute organisation afin de garantir la qualité des processus qui y sont mis en œuvre.

L'ensemble des évolutions que je viens de décrire à grands traits va dans le même sens : les organisations, quel que soit leur secteur d'activité, sont marquées par la recherche de l'optimisation des processus et aidées en cela par l'informatisation et par les démarches de normalisation. La conséquence est de rapporter toute activité à des objectifs quantifiés à atteindre et à des critères sur lesquels les individus sont contrôlés, évalués et souvent incités.

Utilisation de critères communs

Quelles sont les conséquences en termes de comparaison entre individus ? Pour comparer, il faut soit des critères communs, soit pouvoir ramener des critères différents à une échelle commune. Cette manière de faire est bien connue des spécialistes de la décision qui parlent de commensurabilité entre critères. Si, par exemple, vous devez choisir une voiture, que vous avez plusieurs modèles devant vous et que vos critères de choix sont le prix, la sécurité et la consommation, il vous faudra pour choisir faire la part des choses entre, par exemple, avoir un véhicule A, qui consomme beaucoup mais offre une grande sécurité pour un prix raisonnable, ou avoir une voiture B plus chère pour le même niveau de sécurité et une consommation légèrement moindre. Vous allez alors décider que, par exemple, la sécurité est deux fois plus importante que le prix, lui-même deux fois plus important que

---

1. Site officiel : www.iso.ch/iso/fr/aboutiso/introduction/index.html

la consommation. Dans ce cas, il y a de fortes chances que vous choisissiez la voiture A. Vous aurez compensé la consommation de ce véhicule par son prix raisonnable, ce qui veut dire que vous aurez rendu compatibles des critères *a priori* très différents comme le prix et la consommation : vous les aurez rendus commensurables et vous aurez utilisé une règle de décision compensatoire (un mauvais score sur un critère peut être compensé par un bon score sur un autre).

Le besoin de simplifier

En général, les décideurs n'aiment pas utiliser des règles compensatoires : cela leur demande un gros effort ! Imaginez que les choses se compliquent encore : certaines voitures sont à essence, d'autres fonctionnent au Diesel ; certaines sont d'occasion, d'autres neuves ! Alors, que faisons-nous en général lorsque nous devons comparer différentes possibilités et que certains critères sont spécifiques à certaines possibilités seulement ? Eh bien, nous simplifions ! Nous n'utilisons que les critères communs afin d'éviter des calculs compensatoires trop compliqués. Dans une expérience bien connue des spécialistes de la décision, on demande ainsi à des sujets de comparer des étudiants, dont les dossiers sont présentés par paires[1]. Ces étudiants sont évalués selon deux dimensions : une dimension commune (niveau d'anglais) et une dimension spécifique (aptitude mathématique pour l'un et besoin de réussir pour l'autre). Il est demandé aux sujets de comparer les deux étudiants de chaque paire, afin de leur attribuer un rang dans le classement scolaire. Les résultats montrent que les personnes ont eu tendance à tenir compte essentiellement de la dimension commune aux deux étudiants (niveau d'anglais), même lorsqu'ils ont été mis en garde contre cette tendance avant l'expérience. D'autres expériences confirment ce résultat, qui montre que les individus cherchent à éviter d'utiliser des règles compensatoires et utilisent surtout les critères communs à plusieurs options, négligeant ainsi les spécificités de chaque option.

---

1. Slovic et Mac Phillamy (1974), d'Estaintot et Vidaillet (2005) pour comprendre les simplifications auxquelles nous nous livrons quand nous devons décider.

Des critères communs... mais trop simples !

Que pouvons-nous en déduire en ce qui concerne les individus dans les organisations ? Comment vont-ils être évalués et comparés ? Quels sont les critères qui vont être retenus pour définir et évaluer leur activité ? En toute logique, on observe une simplification des critères réellement utilisés. Les critères spécifiques à une activité sont délaissés au profit des critères communs, permettant une base de comparaison simplifiée et quantifiable : en général, les critères de contribution au chiffre d'affaires, de marge et de rentabilité. C'est ce que représente le mètre-ruban qui enserre le biceps gonflé, sur la couverture du magazine *Enjeux-Les Échos*.

Chez McDonald's, bien que chaque type d'activité (caisse, lobby et cuisine) donne lieu à des évaluations systématiques sur de nombreux critères, ce sont finalement les critères de chiffre d'affaires et de productivité (CA/heure) qui priment, quitte à ce que cela ait un impact sur les aspects qualitatifs de l'activité. En temps de « rush » par exemple, la course aux chiffres se fait pour le caissier forcément au détriment d'un service de qualité : la rapidité à laquelle il est contraint l'empêche de développer une quelconque relation avec le client, l'échange est réduit au strict minimum, le client est traité de manière quasi robotique, le caissier lui suggère certains produits afin de limiter le temps de choix (par exemple, il propose systématiquement un cola dans le menu plutôt que de demander la boisson) et lorsqu'il y a une légère attente sur un produit, le client est mis en attente pendant que l'on commence à s'occuper du suivant, etc[1].

L'exemple de la recherche et de la formation en gestion

L'utilisation croissante de critères simples et quantitatifs, susceptibles de ne pas tenir compte de la nature spécifique de l'activité, ne s'observe pas qu'en entreprise. En matière de recherche et de formation à la gestion, par exemple[2], le modèle d'abord élaboré aux États-Unis est diffusé dans tous les pays dotés de structures de recherche engagées dans la compétition internationale. Les

---

1. Weber (2005).
2. Ritzer (1996).

chercheurs sont évalués essentiellement en fonction de critères quantitatifs, tenant compte du nombre de publications et du classement des revues dans lesquelles ils publient.

Les effets pervers de ce système sont bien connus : il encourage la course à la publication, quitte à ce que la même recherche soit publiée à quelques variantes près dans plusieurs revues ou soit « saucissonnée » en plusieurs articles, au risque de perdre la structure théorique d'ensemble. Dans ce système, la publication de livres est nettement moins valorisée que celle d'articles qui permettent un format plus standardisé et donc quantifiable. Le problème de fond est qu'il est très difficile de quantifier la valeur d'une idée, d'une théorie (nombreux sont les exemples de savants dont les théories n'ont pas été reconnues par le cercle scientifique de leur temps). Que penser d'un chercheur qui publie peu, mais dont les articles ou les livres sont d'une grande qualité et ont un grand retentissement dans sa communauté scientifique ?

Un autre outil d'évaluation des chercheurs est aussi très utilisé : il s'agit d'un moteur de recherche appelé « Social sciences citation index » ou « Science citation index », qui permet de compter combien de fois un auteur est cité par un autre dans l'ensemble des supports de publication. Plus un chercheur est cité, meilleur est-il supposé être. Là encore, les biais d'un tel outil sont importants. Le fait qu'une œuvre soit citée ne révèle rien sur la façon dont elle est citée : qu'un article scandaleux et sans intérêt soit dénoncé par plusieurs universitaires de renom, et voilà le charlatan au niveau des plus grands ! Un article cité alors qu'il a un lien lointain avec le sujet traité et a donc un apport faible sera comptabilisé comme un article qui constitue le socle théorique de la recherche où il est cité.

Ajoutons à cela les démarches d'accréditation ou de certification dans lesquelles s'engagent la plupart des universités et des instituts de formation et de recherche en gestion. Ces institutions cherchent de plus en plus à faire accréditer leurs formations par l'AACSB, association américaine qui certifie la « qualité » des diplômes de MBA (Master in Business Administration), et/ou par l'EFMD, structure européenne qui délivre le label EQUIS. Ces démarches de certification conduisent à la normalisation et à l'homogénéisation des structures accréditées[1]. Par exemple, le fait pour une grande école de gestion d'avoir le label EQUIS décerné à sa principale formation signifie qu'elle a un corps professoral permanent conséquent et composé majoritairement d'enseignants-chercheurs de qualité. Mais comment évaluer la qualité d'un enseignant-chercheur ? En utilisant le système quantitatif décrit ci-dessus. Les différents systèmes se renforcent donc les uns les autres pour arriver à une quantification simplificatrice des activités de recherche et de formation.

---

1. Pfeffer et Fong (2004).

Produire du « même »

Résumons-nous : quels sont les effets, en termes d'envie, de systèmes de plus en plus basés sur la comparaison entre leurs membres, comparaison facilitée par le recours croissant à des normes et à des critères quantitatifs et simplifiés ? Il ne s'agit pas ici de nier le rôle joué par de tels modes d'organisation et de management dans l'obtention de certaines performances telles que la conformité des produits et services et l'augmentation de la productivité. Notre objectif est de réfléchir à leur rôle dans notre problématique : en quoi les systèmes de gestion contemporains ont-ils un impact sur le développement de l'envie dans les organisations ?

Revenons encore une fois à la théorie mimétique : plus les individus sont proches, plus les différences entre eux sont gommées et plus le modèle est susceptible d'être objet d'envie et de devenir rival. Or, les systèmes de gestion actuels contribuent à effacer les différences entre les individus, dont l'activité et la performance sont ramenées, quelles que soient les spécificités, à quelques critères et indicateurs communs. Les individus deviennent ainsi toujours plus proches et comparables les uns aux autres, ce qui fait de l'envie une conséquence potentielle, invisible et jamais pensée, d'un tel système. Cette proximité peut être difficile à concevoir et à percevoir, car, en apparence, tout paraît différencier les individus, chacun étant étalonné à un niveau différent de son voisin et persuadé d'être évalué individuellement. Mais les bases de comparaison sont communes et les spécificités de chacun sont ainsi effacées, au profit de quelques dimensions. Sur ces dimensions, chacun imite chacun et il n'y a bientôt plus ni sujet ni modèle : il y a des personnes de plus en plus identiques et qui font tout pour nier cette identité. Le cas Punchy illustre parfaitement ce processus.

Il n'est d'ailleurs pas anecdotique que le nom « ISO », employé pour caractériser les démarches de normalisation, signifie « égal » : « *Parce que le nom de l'organisation internationale de normalisation donnerait lieu à des abréviations différentes selon les langues {...}, il a été décidé d'emblée d'adopter un mot dérivé du grec isos, signifiant « égal ». La forme abrégée de l'organisation est par conséquent ISO.* »[1] Quant au label européen EQUIS, il est tiré du latin et signifie lui aussi « égal ». Derrière ces labels et certifications de plus en plus répandus dans les organisations privées et publiques, dans tous les domaines d'activité, il y a bien une finalité : produire du « même », du proche et du comparable.

Des places interchangeables

Parallèlement aux facteurs que je viens de développer, un autre aspect contribue à diminuer les différences au sein des organisations et à favoriser la production du « même ».

La question de la place est fondamentale dans la problématique de l'envie. Le système de places renvoie en général à un système de différences. Plus il y a de nuances et de différences qualitatives, moins le processus mimétique fonctionne et plus l'envie est mise à distance. Or, l'évolution des organisations tend à remettre en cause le système de places respectives des uns et des autres.

On assiste en effet, depuis les années 1990, sous la pression des cabinets de consultants, des modes managériales et de la recherche de diminution des coûts, à une tendance lourde à la simplification et à la diminution des niveaux hiérarchiques *(downsizing)*. S'ajoute à cela le développement d'une flexibilité toujours plus grande qui touche aux places de chacun dans les organisations (la mode du *reengineering* est passée par là).

Effets et méfaits du *reengineering*

Le *reengineering*, théorisé par Michael Hammer et James Champy, a été popularisé dans les années 1990 par la majorité des cabinets de consultants. Il s'agissait de réorganiser les entreprises, en repensant de A à Z leurs processus et en réarticulant leur organisation autour de quelques processus majeurs. L'objectif était de faire des gains de productivité (de 30 à 60 %). Même si ceux-ci n'ont, la plupart du temps, pas été atteints du fait notamment d'une sous-estimation des résistances au changement et des coûts cachés liés à toute réorganisation, la mode du *reengineering* a profondément et durablement

---

1. www.iso.ch/iso/fr/aboutiso/introduction/index.html

modifié les entreprises, en généralisant l'idée que l'entreprise moderne est censée se réorganiser régulièrement et rapidement afin de s'adapter à ses marchés, aux évolutions technologiques et à ses concurrents.

Les notions de polyvalence, de flexibilité et d'adaptabilité du personnel, véhiculées comme des leitmotiv du management moderne, contiennent en germe l'effacement des différences. Personne n'est à sa place de manière stable et durable, chacun est susceptible de prendre la place d'un autre. Là où l'évolution tenait compte de l'ancienneté et du franchissement progressif d'étapes bien définies, connues à l'avance, la mise à plat des structures et leur réorganisation régulière conduisent à brasser les places de chacun et à effacer la lisibilité des parcours d'évolution. Moins il y a d'espaces stables dans les organisations, plus il devient difficile pour chacun de se référer à des places définissant son identité de manière particulière.

Le cas Punchy, là encore, illustre ce phénomène. La structure du magasin est très simple et plate, la direction étant réduite à deux personnes. Les dernières barrières entre rayons, déjà fragiles, disparaissent complètement lorsque arrive une vendeuse capable de vendre n'importe quel produit de n'importe quel rayon. Les seules différenciations en magasin étant liées jusqu'alors à l'affectation prioritaire (mais pas exclusive) à un rayon, elles sont effacées dès lors que la compétition se joue sur tout le magasin : chacun peut prendre la place de chacun et personne n'a plus de place dédiée. Ce phénomène se retrouve également dans le classement qui est réalisé chaque jour puisqu'il n'y a pas de durabilité dans la place occupée par chacun. L'on peut être premier un jour et dernier le lendemain, et vice-versa. L'interchangeabilité des places met tous les salariés au même plan, qu'ils soient à temps partiel, à temps plein, stagiaire, ancien, nouveau, en contrat à durée indéterminée ou à durée déterminée.

Pour comprendre comment les systèmes organisationnels sont susceptibles de jouer sur l'envie, il apparaît nécessaire de comprendre la manière dont les places sont assignées aux individus ainsi que les bases sur lesquelles se font cette assignation et le passage d'une place à l'autre.

Mise en scène des comparaisons

Désigner des modèles

Il ne suffit pas de comparer les individus entre eux pour stimuler l'envie. Mettre en scène les comparaisons et désigner des modèles est essentiel à cet effet.

Ainsi que je l'ai déjà relevé, l'étymologie du terme « envie » est claire à ce sujet : envie vient de *invidia*, mot dérivé du verbe *invidere*, qui signifie regarder quelqu'un avec malveillance, jeter le mauvais œil. L'envie est la « maladie du regard »[1] : c'est en effet par le regard que l'envieux prend conscience d'un autre, qui le fascine car il semble avoir ce qui justement lui manque, à lui. Dans de nombreuses cultures, il est de coutume de cacher que l'on a plus, que l'on obtient de bonnes récoltes, que l'on est en bonne santé ou que l'on a de la chance, afin d'éviter d'attiser l'envie chez les autres[2]. Dans certains groupes sociaux, on dévalorise et déprécie ce que l'on a dans ce but.

L'importance du regard dans la genèse de l'envie attire notre attention sur l'impact des mises en scène dans les organisations. De ce point de vue, que se passe-t-il dans le cas Punchy ? Les comparaisons sont outrageusement mises en scène : les résultats de chacun sont affichés tous les jours, dans le lieu le plus exposé au passage et donc le plus visible ; les trois premiers sont désignés tels sans équivoque, ainsi que le dernier ; les nombreux concours et les lots associés permettent de désigner aux yeux de tous, ceux qui sont meilleurs que les autres.

Dans le cas du programme « Facteur gagnant », le détonateur de l'apparition de l'envie dans l'organisation est la cérémonie (qui rappelle à dessein une cérémonie de remise d'oscars) dans laquelle certains sont désignés aux yeux de tous comme des héros et récompensés individuellement pour leur excellent travail devant leurs collègues.

---

1. Hassoun-Lestienne (1998 a, p. 19).
2. Schoeck (1966), Girard (1972), Foster (1972), Salovey et Rothman (1991).

Cas 14 – Les meilleurs sont en vacances...[1]

Dans une chaîne de salons de coiffure, les coiffeurs faisant le plus de chiffre d'affaires sont récompensés par un voyage de quelques jours dans un club à l'étranger.

Dans les salons où un ou plusieurs coiffeurs ont été ainsi désignés, l'ambiance de travail est en général dégradée pendant les semaines qui suivent le voyage et le travail d'équipe freiné. Ces conséquences sont problématiques car le bon fonctionnement d'un salon exige une certaine collaboration entre coiffeurs. Il faut, par exemple, répondre au téléphone ou recevoir un nouveau client, ce qui suppose que l'un ou l'autre accepte de le faire selon sa disponibilité. Bien que chacun s'occupe de ses clients, cela n'empêche pas d'être attentif aux clients des autres, pour remplacer une serviette tombée, répartir les magazines, prévenir le coiffeur attitré que telle minuterie s'est déclenchée, proposer un café à un client. Il arrive également que les coiffeurs s'entraident lorsque l'un a pris du retard et l'autre de l'avance ou lorsqu'un client est pressé : il est ainsi fréquent qu'un lavage de cheveux ou un séchage soient effectués par un autre coiffeur que le coiffeur « attitré ». Toutes ces interventions se font de manière informelle, en fonction de la disponibilité de chacun et de sa présence dans telle ou telle zone du salon.

La dégradation de l'ambiance et du travail d'équipe se traduit, concrètement, par un moindre service global et par une gêne relative de chaque coiffeur dans l'exercice de son métier. Une recherche plus approfondie pour comprendre ce qui se joue met en évidence que l'envie est à l'origine d'une partie des problèmes : les coiffeurs qui restent se sentent envieux à l'égard de ceux qui partent, d'autant que, pendant le départ de ces derniers, ils sont obligés de prendre en charge leurs clients et de leur expliquer pourquoi leur coiffeur est parti. Ce faisant, ils ont l'impression que les différences de performance sont mises en scène en interne, mais également en externe auprès des clients du salon : le message implicite renvoyé à ceux-ci est, pour les coiffeurs qui se sentent envieux, qu'eux-mêmes sont restés parce qu'ils sont moins bons. Enfin, les coiffeurs qui rentrent de voyage sont en général bronzés et détendus, ce qui met durablement en scène le fait qu'ils ont été récompensés.

Dans ces trois cas, personne ne peut éviter la comparaison, personne n'est censé ignorer où il se trouve par rapport aux autres et personne ne peut poser son regard ailleurs que sur ceux qui sont désignés

---

1. Données personnelles.

comme meilleurs par le système. Il n'y a pas d'échappatoire et l'autre apparaît forcément comme un modèle (implicitement rival puisqu'il représente ce qu'il faut atteindre). Il est celui qui a réussi, qui est récompensé pour cette réussite et qui est donc enviable pour sa réussite et pour ce que le système lui donne en plus en rétribution de cette réussite (argent, promotion, voyage, mais, dans la plupart des cas, simplement une récompense qui reste purement symbolique *via* sa mise en scène).

Mon hypothèse ici est donc que plus l'organisation met en scène les comparaisons, en affichant les résultats de chacun au vu et au su de tous et en désignant les « meilleurs », récompensés symboliquement et/ou concrètement pour leurs performances, plus l'envie est susceptible de se développer dans le système.

Systèmes de distribution forcée

Il est une pratique d'évaluation en entreprise largement répandue, qui concourt vraisemblablement à développer l'envie et ses conséquences potentiellement dangereuses. Il s'agit des systèmes de distribution forcée, popularisés par Jack Welsh, gourou du management et P-DG de l'entreprise General Electric qui avait développé un tel système dans les années 1970. Depuis, de très nombreuses entreprises (par exemple, 3M, Boeing, Honeywell, Home Depot) ont adopté ce mode d'évaluation, qui consiste à classer les individus les uns par rapport aux autres, le long d'une courbe en forme de cloche. Cette méthode distingue, par exemple, les 20 % des salariés « les meilleurs », à qui seront attribués des récompenses à leur mesure, puis les 70 % qui sont « dans la moyenne » et se verront fixer des objectifs de développement et, enfin, les 10 % en queue de peloton qui feront l'objet d'un suivi particulier ou seront poussés à démissionner. La caractéristique essentielle de cette méthode est que chacun est comparé à chacun, plutôt qu'à lui-même (antérieurement ou dans un autre poste) ou à des objectifs précis liés à son poste. Là encore, la possibilité de ramener le travail de chacun à une échelle commune semble aller de soi et la comparaison à l'autre ne peut être évitée.

De sérieuses critiques

Bien que ces systèmes d'évaluation se soient beaucoup développés dans les grandes entreprises et soient encouragés par beaucoup de consultants, ils n'en sont pas moins l'objet de sérieuses critiques bien documentées. De telles pratiques d'évaluation ont un impact négatif dans un certain nombre de contextes, notamment lorsqu'un travail d'équipe est requis[1]. Dans une étude récente réalisée auprès de 200 professionnels des ressources humaines travaillant dans des entreprises de plus de 2 500 personnes[2], dont plus de la moitié utilisait un système de distribution forcée, les répondants soulignaient les conséquences négatives de ces pratiques : faible productivité ; collaboration réduite ; sentiment d'injustice, scepticisme et baisse d'implication chez les salariés ; méfiance vis-à-vis de l'encadrement.

Dans ces modes d'évaluation, une faible proportion d'individus est fortement valorisée et notoirement distinguée des autres. Les écarts entre les personnes les moins et les mieux rétribuées sont très importants. Une recherche menée dans des universités américaines a mis en évidence que les professeurs étaient le moins satisfaits dans les départements dans lesquels la dispersion des salaires était la plus importante, même lorsque cette dispersion était liée à des facteurs comme la productivité en recherche ou l'expérience[3].

Un impact sur la qualité ou sur la performance

Dans une étude portant sur 102 centres de profits, appartenant à 41 entreprises essentiellement américaines et anglaises, il a été démontré que plus l'écart entre le top management et les autres salariés, notamment ceux qui sont le moins bien payés, était vaste, plus la qualité de ce qui était produit par le centre de profit diminuait[4]. Ce n'est donc plus seulement ici la satisfaction, le moral ou l'implication des salariés qui est en cause, mais directement la qualité des produits ou

1. Pfeffer (1998), Pfeffer et Sutton (2006).
2. Novations Group.
3. Pfeffer et Langton (1993).
4. Cowherd et Levine (1992).

© Groupe Eyrolles

services. Les employés auraient un sentiment d'injustice élevé face aux écarts de salaire entre les moins et les mieux payés, ce qui diminuerait leur adhésion aux objectifs de l'entreprise et leur coopération, et agirait *in fine* sur la qualité de ce qui est produit.

Enfin, ces faits s'observent également dans le milieu du sport, où le travail d'équipe et la collaboration sont particulièrement importants. Par exemple, une étude menée sur 1 500 joueurs de baseball professionnels appartenant à 29 équipes et couvrant une période de huit ans montre que les équipes dans lesquelles la dispersion des rémunérations des joueurs était la plus forte gagnaient moins souvent et avaient de moindres revenus publicitaires[1].

Il est donc prouvé que le recours systématique à la comparaison qui ordonne les individus sur une échelle commune, où le rapport à l'autre n'est qu'un écart plus ou moins grand sur cette échelle, ainsi que la mise en avant de certains individus seulement, a des effets pervers... Ce qui étaye notre hypothèse de l'envie : ces systèmes contribuent au développement de cette émotion, qui se manifeste alors par des symptômes déjà évoqués, tels que mécontentement, insatisfaction au travail, mauvaise ambiance de travail et moindre performance.

Un système qui agit sur l'estime de soi

Interpréter les écarts entre les individus comme des écarts de valeur

Comme je l'ai développé au chapitre 1, ce qui est essentiel dans le processus de comparaison à l'autre lorsque celui-ci engendre de l'envie, ce sont les conclusions que l'envieux en tire quant à sa représentation de lui et à sa propre valeur. Interpréter le succès d'un autre comme une perte, un échec personnel ou le signe de son infériorité prédispose à être envieux. La question à se poser ici est donc : *en quoi les systèmes d'organisation et de management contribuent-ils à favoriser de telles interprétations ?*

---

1. Bloom et Michel (2002).

Comment les sociétés traditionnelles se préservent de l'envie

Les anthropologues nous montrent que de nombreux systèmes sociaux traditionnels[1] permettent à ceux qui se trouvent en état temporaire d'infériorité d'attribuer leur infortune à des causes qui ne relèvent pas d'eux. Leurs qualités personnelles ne sont alors pas impliquées, ils n'ont pas à reconnaître leur propre infériorité et ils n'ont ainsi pas à envier leur voisin plus heureux. Par exemple, dans les sociétés paysannes traditionnelles du Mexique, il est possible de dire, de façon vraisemblable, à propos d'un membre de la communauté qui améliore sa position : « *Celui-ci a plus que nous, mais c'est parce qu'il a découvert un trésor caché ou parce qu'il a gagné à la loterie et nous n'avons donc pas à l'envier.* »
La possibilité de rendre compte des succès de l'autre en les attribuant au destin, au hasard, à la chance ou à des forces incontrôlables permet de préserver l'équilibre psychologique de ceux qui sont en situation d'infériorité – qui peuvent même penser qu'ils seront à leur tour favorisés par de tels facteurs – et d'éviter que l'envie ne se développe.

Il n'y a pas de hasard !

De toute évidence, de tels systèmes d'interprétation ne sont pas de mise dans les organisations contemporaines : la culture du résultat, ainsi que les facteurs d'évolution décrits plus haut, favorisent au contraire la mesure et l'attribution des résultats de chacun à des causes personnelles. Ainsi, dans le programme « Facteur gagnant », mais également dans le cas Punchy et dans la plupart des organisations, les individus sont évalués et incités sur la base de leurs résultats considérés comme une conséquence directe de leurs actions et implicitement de leurs capacités[2]. Dans le cas Punchy, l'expérience, l'opportunité d'avoir

---

1. Foster (1972), cité par Dupuy (1979, p. 30).
2. Le biais qui consiste à surestimer le rôle de causes internes à l'individu (notamment ses capacités ou sa personnalité) et à sous-estimer le rôle de causes externes (liées au contexte), pour expliquer le comportement ou les résultats d'autrui, est bien connu des psychologues sociaux qui l'ont nommé « l'erreur fondamentale d'attribution ». Les études culturelles comparatives ont montré que ce biais était nettement plus développé dans les cultures occidentales que dans les cultures asiatiques (Beauvois et Dubois, 1988, Morris et Peng, 1994).

suivi des formations proposées par l'entreprise ou le hasard des demandes des clients qui s'adressent à tel vendeur plutôt qu'à tel autre ne sont pas considérés comme des facteurs pertinents ayant un impact sur les ventes. Chacun est comparable à chacun et le montant des ventes de chacun est interprété selon une règle de causalité simple : celui qui fait un bon chiffre est bon, celui qui fait un chiffre moyen est moyen et celui qui fait un mauvais chiffre est mauvais. Les commentaires du directeur, écrits quotidiennement en face de chaque « score », sont sans équivoque.

Des relations de cause à effet simplifiées

La grande majorité des personnes adaptent leurs comportements aux outils de gestion qui mesurent et évaluent leur activité : elles privilégient les actions qui peuvent avoir un impact sur ce qui est mesuré et délaissent les actions dont les effets sont moins visibles ou non mesurés[1]. J'ai donné pour exemple le comportement des caissiers chez McDonald's qui, parce qu'ils sont essentiellement évalués sur leur chiffre d'affaires horaire, vont en période de rush diminuer la qualité du service client pour aller plus vite et augmenter leur productivité. Parmi tous les objectifs qu'ils sont susceptibles d'atteindre, ils privilégient ceux qui sont fondamentaux dans l'évaluation de leur activité, quitte à adopter des comportements nuisibles sur d'autres aspects.

Tous ces processus montrent que les résultats dont on tient compte en entreprise sont en général interprétés comme une conséquence directe des actions d'une personne en particulier, interprétation qui tend en effet à encourager certains comportements censés avoir les conséquences attendues (« *Il faut les piquer au vif, les faire réagir* », dit ainsi le directeur du magasin Punchy). Dans ce type de fonctionnement, il est difficile d'attribuer les résultats à des causes plus complexes que le seul comportement de certains. Pourtant, dans la plupart des cas, les résultats obtenus dépendent d'une conjonction de facteurs comme les actions des concurrents (ou l'absence de concurrents), des éléments

© Groupe Eyrolles

---

1. Berry (1985).

conjoncturels, des facteurs liés à l'expérience de chacun, le hasard, des effets rebonds, etc. Il devient alors très difficile, si l'on essaie d'en tenir compte, de comprendre en quoi ils interviennent. Il est tellement plus simple et plus conforme à l'idéologie occidentale de la maîtrise et du contrôle d'attribuer un résultat à la volonté et à l'action de telle ou telle personne !

Une conséquence directe pour notre problématique est donc qu'il est difficile d'échapper à une interprétation du type : « *Si l'autre obtient plus que moi, c'est parce qu'il est meilleur et que je suis moins bon. Je suis à l'origine de la différence.* » Une telle interprétation favorise le développement de l'envie comme je l'ai expliqué au chapitre 1. Nous mettons là le doigt sur un aspect jamais pensé, mais certainement très actif, des systèmes de management en vigueur dans la plupart des organisations.

Le développement de la frustration et le blocage dans l'envie

L'envie est souvent liée à une frustration : l'autre a et pas soi. Cependant, dans de nombreux cas, ce sentiment ne dure pas, parce que l'individu obtient ce qu'il désirait ou parce qu'il y renonce et se tourne vers des modèles plus faciles à imiter. Ce qui est essentiel dans ce processus, c'est que l'individu ne reste pas bloqué sur l'idée que ce qu'a l'autre il doit absolument l'avoir aussi, tout en ne parvenant jamais à l'obtenir. Ce cas est l'un des pires en termes d'envie puisque l'envieux ne peut en sortir et risque d'investir une énorme énergie psychique à désirer ce qui toujours lui échappe. La frustration peut alors prendre d'impressionnantes proportions.

L'envie peut-elle servir d'aiguillon ?

Dans notre réflexion qui vise à comprendre de quelle manière le système organisationnel contribue à favoriser l'envie et surtout à la laisser avoir de graves conséquences, il nous faut donc regarder en quoi il est susceptible de générer et d'entretenir des frustrations. Notre hypothèse est ici que les organisations qui laissent la frustration s'installer sont celles où l'envie peut prendre des proportions préoccupantes. Le problème se pose lorsque le système ne permet pas d'échapper à l'envie, de la transformer, de l'utiliser comme aiguillon pour avancer, lorsque l'individu reste bloqué dans une impasse : il ne peut que désirer ce qui lui est désigné par le système comme unique objet désirable (*via* ceux qui réussissent), tout en ne parvenant pas à l'obtenir. *A contrario,* dans le cas de la banque hongkongaise, l'envie, même si elle est présente chez certaines personnes non promues, ne prend pas de vastes proportions. Au contraire, les envieux sont aussi ceux qui obtiennent les meilleures performances quelques mois après avoir été déboutés de leur demande de promotion : l'envie a servi d'aiguillon et ne s'est pas transformée en agressivité à l'égard des enviés. Il est probable, dans ce cas, que les procédures de promotion régulières et la proportion relativement élevée de personnes promues donnent aux envieux l'impression que leur tour viendra. L'échec est ressenti comme provisoire. Ils se mobilisent donc pour améliorer leurs performances d'ici la prochaine session d'avancement. Le sentiment d'infériorité ne dure qu'un moment et le contexte organisationnel permet ici que l'envie soit transformée (éventuellement disparaisse ?) et que la motivation à évoluer puisse se mettre en œuvre.

L'impasse du « one best way »

Cependant, tous les systèmes organisationnels ne permettent pas de telles évolutions. Certains modes de fonctionnement peuvent, par exemple, donner l'impression que les parcours d'évolution doivent suivre une voie royale qui, simultanément, est la seule réellement valorisée (et donc désirable) et est réservée à très peu de personnes avec des règles rigides régissant la compétition entre rivaux. Dans de tels cas, le fait de s'écarter de cette voie sera interprété comme une incapacité plutôt que comme un choix fait par la personne. L'interprétation dévalorisante pour l'individu qui n'accède pas à « l'étape supérieure » favorise le développement de l'envie. Simultanément, le fait que d'autres parcours ne soient pas valorisés dans l'organisation empêche l'individu de fixer son attention sur des modèles plus accessibles ou plus cohérents avec son profil. Dans ces situations, la frustration s'accroît et avec elle l'envie s'enkyste et a de grandes chances de se traduire par des actes agressifs à l'encontre du système ou des personnes qui réussissent. Une autre éventualité est que le sentiment d'infériorité entretenu par le système conduise la personne à ne plus croire en ses capacités, ce qui peut aboutir à une démotivation durable, à un retrait du système et/ou à des comportements dépressifs (conséquences comportementales de l'envie que nous avons développées au chapitre 2).

Je souhaite ici attirer l'attention sur la nocivité, en termes d'envie, des systèmes qui ne valorisent qu'un type de parcours, ne respectent pas la diversité des choix éventuels et des positions qu'il est possible d'adopter par rapport à son métier et rendent très difficile l'accès au « *one best way* ». Un tel système ne peut que contribuer à développer l'envie de manière systématique. J'en développe un exemple en fin de chapitre.

Le rôle du manager

Tous les facteurs cités ci-dessus peuvent contribuer au développement systématique de l'envie au sein des organisations où ils sont présents.

Nous aborderons maintenant le dernier facteur, que je considère comme essentiel et susceptible d'avoir un impact sur tous les autres : il s'agit du rôle joué par l'encadrement. J'ai cité au chapitre 2 une étude qui montre qu'il existe un lien entre l'envie ressentie par quelqu'un dans une équipe et la mauvaise qualité de la relation que cette personne dit avoir avec son manager direct[1]. L'étude met ce lien en évidence sans l'expliquer. Le fait d'être envieux conduit-il à un ressentiment général contre le système qui s'exerce donc également sur le supérieur direct en tant que représentant du système ? Ou le fait de moins s'entendre avec son manager prédispose-t-il à considérer que celui-ci favorise certains membres de l'équipe à son propre détriment et joue donc un rôle dans le développement de l'envie ?

---

1. Vecchio (2005).

On ne peut, *a priori*, exclure aucune hypothèse. Mais je souhaite en développer une autre : au sein d'une équipe, le manager joue un rôle fondamental ; c'est à travers lui que les règles de fonctionnement et les modes de management sont appliqués concrètement[1]. Il est donc susceptible de rendre les facteurs décrits précédemment plus ou moins présents au sein d'une équipe et d'avoir un effet plus ou moins important dans le développement de l'envie.

Le cas Punchy est à ce sujet très intéressant, puisque le directeur joue un rôle essentiel dans l'instauration de l'envie généralisée dans son magasin. Il généralise le principe de la comparaison permanente entre les individus sur très peu de critères, renforçant en cela les pratiques préconisées par le siège. Il encourage le développement des comportements mimétiques, en encourageant les vendeurs à aller vendre dans tous les rayons, quel que soit leur rayon d'affectation. Il met ostensiblement en scène les comparaisons par un affichage quotidien et la référence systématique aux « meilleurs » dans les entretiens qu'il a avec les vendeurs. Il fait en sorte que les écarts soient clairement interprétés comme des différences de valeur, au travers des commentaires qu'il écrit chaque jour à côté des performances de chacun. Enfin, refusant d'intervenir dans les conflits quotidiens entre les vendeurs, il contribue à ce que l'envie ait de graves conséquences sur le système.

L'envie sans limite, une production du système

Le cas Punchy nous a permis de voir comment les différents facteurs évoqués dans ce chapitre pouvaient jouer dans une organisation pour y développer systématiquement de l'envie. Cet exemple est emblématique de ce qui se passe dans de nombreuses entreprises dans lesquelles la recherche quantitative de performance s'appuie sur la compétition et la rivalité, et secrète au passage de l'envie. Je vais maintenant développer un exemple qui se déroule dans une organisation d'une tout autre nature et nous permettra de bien voir à l'œuvre l'ensemble des processus décrits dans ce chapitre.

© Groupe Eyrolles

---

1. Thévenet (2004).

Cas 15 – Le cas Supdeco

M. Choum, directeur d'une grande école de gestion, Supdeco[1], déjà bien classée au niveau français, a décidé depuis quelques années de lui donner un positionnement national de première importance et une dimension internationale plus affirmée. Toutes les écoles et universités réputées s'appuient sur un corps professoral permanent conséquent et composé d'enseignants-chercheurs très investis dans la recherche, selon le système de classement décrit précédemment.

Afin d'atteindre ses objectifs de développement, M. Choum considère que sa priorité est de développer la recherche, ce qui le conduit à recruter des enseignants ayant un doctorat ou en cours d'achèvement de leur thèse, avec des publications à leur actif, de préférence en anglais. Dans la mesure où l'école n'a pas les moyens et la renommée pour attirer des chercheurs confirmés, les nouvelles recrues sont jeunes (entre 26 et 33 ans). Pour confirmer le positionnement de qualité de Supdeco, M. Choum décide également d'engager l'école dans une démarche d'accréditation pour obtenir le label EQUIS, décrit plus haut, ce qui pousse à mettre en avant son corps professoral d'enseignants-chercheurs.

En l'espace de deux ans, cette catégorie de professeurs va être soudainement et particulièrement valorisée. Or, ils ne sont pas les seuls représentants du corps professoral. En effet, l'établissement, conformément à la plupart des écoles de commerce de province, émanations des chambres de commerce, a longtemps recruté des enseignants ayant travaillé un certain temps en entreprise et ayant essentiellement un profil de formateur et de développeur/animateur de programmes. Ces enseignants forment une population nettement plus âgée (autour de 50 ans) et moins diplômée que la catégorie des chercheurs, mais plus expérimentée tant dans la gestion de programmes que dans la proximité avec les entreprises.

Au moment où les profils « chercheurs » sont recrutés, toutes les directions de département (marketing, finance, stratégie, etc.) sont détenues par les « anciens ». Dès lors que les jeunes recrues sont en nombre suffisant (au bout d'environ deux ans), M. Choum décide de leur donner la plupart des postes à responsabilité de l'école, notamment les directions de département et les directions transversales (direction académique, direction du développement de la culture, responsabilités liées à la démarche d'accréditation, etc.). Il accompagne ce transfert de responsabilités entre « anciens » et « nouveaux » d'un changement de bureaux : alors que les « anciens », jusqu'alors dotés de responsabilités, se trouvaient au cinquième étage (étage de la direction) et que

---

1. Données personnelles.

les « nouveaux » avaient progressivement occupé le troisième étage, ces derniers se retrouvent au cinquième et vice-versa.

Afin de bien mettre en évidence ceux qui ont un profil « recherche », un court *curriculum vitae* est affiché à leur porte : y figurent les responsabilités dans la structure, les diplômes (grande école, doctorats), les principales publications et les domaines de recherche et d'enseignement. Cette pratique est ensuite étendue aux autres enseignants, ce qui, bien entendu, met en évidence de nettes différences. En termes budgétaires, la priorité donnée à la recherche conduit à accorder tous les moyens nécessaires à ceux qui vont en conférence. En revanche, les « autres » voient leurs moyens réduits, notamment lorsqu'ils souhaitent se déplacer.

Les « nouveaux » sont régulièrement mis en avant au sein de la structure, lors d'événements qui symboliquement marquent les places de chacun comme étant dans le cercle des proches de la direction (et alors valorisé) ou en dehors (dans ce cas, sans valeur) : repas officiels avec des personnalités extérieures dans de prestigieux restaurants, séminaire résidentiel de réflexion sur la stratégie pédagogique de l'école, interventions lors des séminaires de rentrée avec l'ensemble du personnel. Il est fréquent d'entendre parler du « sérail ».

Tout ce système aboutit à des relations très tendues au sein du corps professoral : les « anciens » sont pour la plupart démotivés et ne cessent de se plaindre, les « nouveaux » se sentent pour la plupart mal à l'aise dans l'excessive valorisation de leurs spécificités et ont l'impression d'usurper la place des premiers, notamment du fait de prendre leurs bureaux. L'envie règne dans l'école et se manifeste sous la forme de remarques désobligeantes à l'égard des nouveaux ou d'une difficulté à travailler en équipe. Les démissions sont nombreuses, notamment chez les nouvelles recrues qui ressentent fortement la conflictualité du contexte. Le turnover très important va à l'encontre de la stratégie de développement de l'école. Ce turnover est d'autant plus préoccupant que la production de jeunes docteurs est limitée tandis que les écoles luttent pour les attirer : il est donc relativement difficile de recruter sur ce marché. Enfin, il est courant d'entendre à propos du directeur qu'il ne cesse de « diviser pour mieux régner », ce qui semble juste : il divise en instaurant l'envie chez les enseignants n'ayant pas un profil de chercheur.

Tous les facteurs évoqués dans ce chapitre sont présents dans le système de management :

* celui-ci repose sur la comparaison permanente, rendue possible par la mise en avant de critères peu nombreux, prioritaires et censés permettre de situer chaque enseignant par rapport aux autres ;

- cette comparaison est mise en scène par l'affichage des performances de chacun sur les critères retenus ;

- ces critères (liés à la recherche) nient les spécificités de certaines catégories d'enseignants et leurs apports potentiels au développement de l'école : un « *one best way* » est indiqué, en dehors duquel aucun parcours n'est valorisé, ce qui entraîne une importante frustration chez les plus anciens. Des modèles sont ici désignés à l'ensemble de l'organisation ;

- les places semblent interchangeables : ceux qui sont déchus étaient valorisés auparavant et les changements de bureau manifestent symboliquement cette interchangeabilité. De ce fait, les frontières n'existent plus dans l'organisation et les différents groupes sont mis sur le même plan, dans un jeu de miroir qui contribue à produire du « même », du comparable ;

- ces changements sont associés par le système à une justification du type : « *Ceux que l'on fait évoluer y ont droit parce qu'ils ont une valeur, ceux qui sont rétrogradés le sont parce qu'ils n'en ont plus.* » Le système favorise donc une interprétation des écarts entre les uns et les autres comme liés directement à une qualité intrinsèque. Le sentiment d'infériorité chez ceux qui n'en ont pas est activé ;

- le directeur, à l'origine de toutes les décisions, contribue de manière essentielle à l'instauration d'un tel système.

Des systèmes qui poussent à l'envie

L'organisation contemporaine, en instaurant un contrôle permanent de la performance, l'évaluation systématique des salariés sur quelques critères et la comparaison entre eux, et en mettant en scène ces comparaisons, est susceptible d'être un lieu où se développe l'envie de manière durable. Le problème n'est pas tant que celle-ci apparaisse, dans la mesure où tout groupe humain est susceptible de voir émerger cette émotion fondamentalement humaine et liée au fait de ne pas vivre seul. Cependant, alors que les sociétés traditionnelles se sont organisées pour limiter et contenir les effets potentiellement destructeurs de l'envie, *via* notamment un système d'instauration et de maintien des différences, les organisations actuelles reposent sur des systèmes de management qui favorisent le développement ravageur de l'envie, en poussant à la comparaison systématique et en renforçant les processus mimétiques. Comme l'envie n'est jamais qualifiée en tant que telle dans les organisations, pour les raisons déjà évoquées au chapitre 1 (notamment du fait de son caractère socialement répréhensible), elle se dissimule alors derrière des symptômes dysfonctionnels, tels qu'une certaine violence entre les membres d'une équipe, une intense rivalité, un individualisme forcené ou une mauvaise ambiance de travail.

Fiche 3

Repérer les risques
dans ma structure

Certains modes de management sont, plus que d'autres, propices au développement systématique de l'envie. Sachez les repérer. Plus vous répondrez par l'affirmative aux questions suivantes, plus sont grands les risques que l'envie soit une émotion très active dans votre organisation.

Évaluation de la performance

Dans la pratique, tout est ramené à très peu de critères (par exemple, chiffre d'affaires et marge).

Tout le monde est évalué sur les mêmes critères.

La mesure de la performance est avant tout quantitative.

La mesure de la performance est avant tout individuelle.

La mesure de la performance est quasiment en continu (base quotidienne ou hebdomadaire).

Tout le monde est en compétition avec tout le monde.

Les résultats de chacun sont toujours affichés : on sait en permanence où on se trouve par rapport aux autres.

Dans l'évaluation de la performance, on ne tient pas compte de l'intervention de facteurs extérieurs (positifs ou négatifs).

Les limites de la performance sont sans cesse reculées.

Rétributions

Les récompenses sont essentiellement individuelles.

Régulièrement, on nous convie à des cérémonies, où l'on nous remet des prix : c'est la « remise d'oscars ».

Il y a clairement des groupes : ceux qui sont nettement meilleurs que les autres, les moyens et ceux qui sont vraiment mauvais.

Évolutions possibles dans la structure

La structure est plate, il y a peu de niveaux hiérarchiques.

Il est très difficile de passer d'un niveau à un autre.

Les possibilités d'évoluer sont limitées.

Il n'y a pas grand-chose en dehors du « *one best way* ».

Il y a un décalage important entre les règles « officielles » et les règles réelles qui permettent d'évoluer.

Chapitre 5

ENVIE ET NARCISSISME DANS L'ORGANISATION CONTEMPORAINE

La théorie du mimétisme a l'intérêt d'attirer l'attention sur des comportements aisément observables dans les communautés humaines, quelles qu'elles soient, et de permettre de faire des liens entre le mimétisme, l'envie et la violence. Une dimension essentielle de cette théorie est qu'elle met l'accent sur la place fondamentale de l'autre dans la problématique de l'envie, l'autre comme modèle d'abord, puis comme rival au fur et à mesure qu'il focalise l'attention de l'envieux. En extrapolant à partir de cette conception, on peut supposer que l'envie n'existerait pas si la constitution du sujet n'était pas liée intrinsèquement à l'autre. Pourtant, sur cet aspect, la théorie girardienne ne nous apprend rien. Partant de l'observation de comportements mimétiques, elle se contente de constater la place fondamentale accordée à l'autre lorsqu'il est mis en position de modèle et d'en décliner les conséquences, dans une perspective anthropologique. Mais rien n'est dit sur l'origine de cet « accrochage » primordial à l'autre. *Pourquoi nous fascine-t-il autant ?* Pourquoi va-t-il être mis en position de modèle ? Pourquoi cela devient-il quasiment une question de vie ou de mort de lui ressembler ? Pourquoi la moindre différence peut-elle prendre une telle ampleur aux yeux de celui qui « tombe » dans l'envie ?

À ce stade du questionnement, c'est certainement la psychanalyse qui a le plus à nous apprendre. En proposant un modèle du développement psychique de la personne, la psychanalyse nous permet en effet de revenir aux racines infantiles de l'envie et de comprendre ce qui se joue dans le rapport à l'autre. Si je développe ici cet aspect, ce n'est pas pour le simple plaisir de mieux comprendre ce qu'est l'envie et d'où elle vient : l'enjeu est de cerner ce qui, dans le mode de fonctionnement des organisations contemporaines, est plus ou moins susceptible de favoriser le jeu de l'envie. Plus précisément, la psychanalyse va nous conduire à regarder *sous quel angle la figure de l'autre est présentée et même utilisée en entreprise* ; ce questionnement me conduira à aborder la question du narcissisme en contexte organisationnel. Il s'agit ici d'approfondir la réflexion entamée au chapitre 4, lorsque j'ai évoqué à quel point la mise en scène de modèles était importante dans la genèse de l'envie en entreprise.

Clinique de l'envie

Une hypothèse essentielle que nous retiendrons de la psychanalyse est que l'envie serait un résidu infantile de notre construction psychique et que sa manifestation dans notre vie adulte (par exemple, dans le contexte professionnel) renvoie à des processus archaïques, c'est-à-dire remontant aux premières périodes de notre histoire personnelle.

Pour développer plus avant ce sujet, il nous faut revenir au processus complexe par lequel nous nous développons psychiquement, processus dans lequel autrui joue un rôle essentiel.

Capturé par son image

À sa naissance et pendant les premiers mois de sa vie, l'enfant ne peut ni parler ni marcher, il a une maîtrise très partielle de ses fonctions motrices et, au plan biologique, il ne cesse d'évoluer. Il s'expérimente donc fantasmatiquement comme un corps en morceaux. Un moment fondamental pour lui[1] est celui où, se regardant dans la glace, il s'identifie à une image qui lui est extérieure. Initialement, tout se passe comme si l'enfant percevait l'image qu'il voit comme celle d'un

---

1. Je reprends ici la théorie du stade du miroir développée par Lacan (1966 a).

être réel qu'il s'efforce d'approcher. Ce premier moment de l'expérience montre une confusion entre soi et l'autre.

Dans une deuxième phase, il découvre que l'autre du miroir n'est pas un être réel, mais une image. Enfin, il acquiert la conviction que cette image est la sienne, il se reconnaît à travers elle, récupérant ainsi la dispersion de son corps morcelé en une totalité unifiée qui est la représentation de son corps. L'image de son corps est donc structurante pour l'identité du sujet qui se constitue comme une unité à partir d'indices extérieurs et symétriquement inversés (dans la glace). Dans cette opération, il est imaginairement capturé (ou captivé) par une image. C'est ce moment-là que de nombreux psychanalystes situent comme le fondement de la constitution du « moi » (l'*ego*) dans l'identité de la personne : le moi va s'agréger autour de cette image du corps inversée, ce qui se fait au prix d'une aliénation fondamentale qui masque l'état réel de morcellement et de non-complétude du corps. Lacan parle de « l'Imaginaire » pour désigner le registre dans lequel cette élaboration du moi a lieu, insistant clairement sur l'importance du regard et de l'image dans cette opération.

Ce qui est également fondamental dans ce moment, où le moi se constitue, c'est que l'enfant, afin de s'identifier à l'image dans la glace, a besoin d'être soutenu par le regard de l'adulte, présent à côté de lui à ce moment-là, et vers lequel il va se retourner, cherchant dans son regard la confirmation que c'est bien lui qui est là dans la glace. L'enfant ne se reconnaît dans sa propre image que dans la mesure où il pressent que l'autre (la mère) l'identifie déjà comme tel[1]. Il ne se reconnaît lui-même que parce que l'autre le reconnaît préalablement. Le moi *(ego)* est donc doublement assujetti à la dimension de l'autre : d'une part, parce qu'il se forme à partir d'une image d'abord perçue comme un autre réel avant d'être identifiée comme image puis comme image de soi ; d'autre part, parce que cette identification dépend du regard de l'autre, qui lui donne l'assentiment que l'image qu'il perçoit est bien la sienne[2].

---

1. Lacan (1966 b).
2. Lacan (1966 c ; 1978 ; 2004).

Afin de bien distinguer ces deux « autres », Lacan appelle l'autre du miroir, le double : « le petit autre » ou plus simplement « l'autre » ; et celui qui se tient à côté de l'enfant et le soutient, mais auprès de qui il s'agit d'être reconnu : « le grand Autre » ou plus simplement « l'Autre ». J'utiliserai souvent cette distinction très utile, dans la suite de cet ouvrage.

Traversée du complexe d'Œdipe et rapport au manque et au désir

À l'issue de la phase identificatoire du stade du miroir, l'enfant qui s'est ébauché comme sujet continue cependant de se ressentir comme non séparé de sa mère.

Première phase : seul objet du désir maternel

Dans ce que certains considèrent comme la première phase du complexe d'Œdipe[1], il adopte une position particulière vis-à-vis de sa mère, en cherchant à s'identifier à ce qu'il suppose être l'objet de son désir. Il se sent le seul et unique objet du désir de sa mère, capable de la satisfaire entièrement, soit, dans un vocabulaire plus psychanalytique, l'objet qui comble le manque de l'Autre (la mère). Cet objet susceptible de combler le manque de l'Autre est appelé, dans le langage psychanalytique, le *phallus*.

Deuxième phase : le désir de la mère s'adresse au père

Arrive cependant un moment où l'enfant va être capable de lier l'absence de la mère à la présence du père, ce qui amorce le deuxième temps du complexe d'Œdipe. Le père va être supposé être celui auquel s'adresse le désir de la mère. L'enfant découvre que le désir de celle-ci est dépendant d'un objet que le père est supposé avoir, ce qui introduit l'enfant au registre de la castration. De plus, le père étant celui qui a le *phallus*, celui-ci *(le phallus)* devient un objet promis à

---

1. Je me situe ici dans une perspective lacanienne.

l'enfant lorsque lui-même sera adulte. Cette promesse suppose que ce qui lui reviendra à l'avenir lui a été enlevé initialement. Devenir adulte suppose donc, tout d'abord, l'acceptation d'une perte initiale.

Troisième phase : introduction au manque et au désir

Ce moment est fondamental pour l'enfant car il fait simultanément l'expérience de perdre le monde total sur lequel il régnait et celle d'accéder à un monde réglé par le désir. Les manques auxquels il se trouve confronté, du fait de ne pas satisfaire entièrement sa mère, et de ne pas avoir le phallus pour l'instant, indiquent qu'il y a autre chose que la complétude : il y a un monde ordonné par le désir. C'est à ce moment que la coupure avec la mère peut s'effectuer et qu'elle devient vraiment une entité distincte. En termes lacaniens, ce passage, par lequel le monde de complétude initial doit être abandonné pour accéder à un horizon plus grand, à un monde réglé par le désir et par la loi, donne accès à ce que Lacan appelle « *le Symbolique* »[1], entendu comme l'environnement social, culturel et linguistique, dans lequel est né l'enfant et qui le conditionne dès sa conception.

L'enfant va être capable de quitter le monde « total » de sa mère pour accéder à un univers régi par la dimension symbolique. Il s'agit du troisième temps de l'Œdipe qui introduit l'enfant à la dimension du manque, du désir et à l'existence d'une loi qui lui est extérieure, préalable et par rapport à laquelle il va se situer, au sein d'un système de différences. Cette évolution, qui correspond à un sevrage pour la mère et pour l'enfant, n'est pas sans risque et sans douleur potentielle.

Devenir un sujet

Au plan narcissique, ce moment est essentiel. Le sujet prend conscience, par l'intermédiaire de la vision d'un autre (le père), qu'il n'est plus l'objet total de la mère (l'Autre). C'est le moment où il peut se détacher de son identification première à cet objet, échappant ainsi partiellement au leurre des images par lesquelles il était entièrement

---

1. Lacan (1957-1958).

capté. Il peut se poser comme sujet et non plus comme objet du désir de l'Autre. C'est à cette condition qu'il va pouvoir explorer le monde qui l'entoure. La mise en route du désir (du sien) est la condition de sa mise en mouvement. Cette étape introduit l'enfant à la dimension de perte inhérente à tout désir et peut s'accompagner d'une angoisse diffuse à ne plus savoir ce qu'il est dans le désir de l'Autre.

Ce qui est fondamental dans cette théorie, c'est qu'elle met en évidence que :

* le sujet se construit initialement sur des identifications (notamment l'identification à l'autre de son image dans la glace) dans lesquelles l'Autre (écrit avec un grand A car il s'agit de l'adulte référent qui valide cette identification) joue un rôle fondamental ; bien que cela se fasse au prix d'une aliénation du sujet, cela lui permet cependant de se constituer comme une unité qui fonde son identité ;

* en traversant le complexe d'Œdipe, l'enfant va être progressivement introduit au registre du Symbolique, ce qui passe par l'acceptation du manque et de la loi au profit d'un monde ordonné sur le désir. La dimension symbolique qui vient s'ancrer dans la structure psychique de l'individu lui évite d'être entièrement capté par le registre imaginaire dans lequel s'était construite son identité initiale.

L'individu est ainsi construit psychiquement sur deux dimensions assez contradictoires. D'un côté, il vit dans l'illusion d'être complet (rôle joué par le « moi », formation imaginaire confortant le vécu narcissique d'unité et de continuité). De l'autre, il est animé par un désir, dont le sens lui échappe, qui s'articule sur un manque initial et qui peut être considéré comme à l'origine de sa mise en mouvement.

L'envie dans la construction du sujet

Que se passe-t-il dans l'envie[1] ? Le sujet, au lieu d'être animé par son propre désir, ne peut se « décoller » d'un désir passant par l'autre, celui qu'il envie. Il ne supporte pas d'être en rapport avec le manque

---

1. Hassoun-Lestienne (1998 b).

qui seul introduit une altérité, condition pour que la question de se comparer à l'autre ne se pose plus. L'envie serait ce qui reste de la difficulté qu'il y a à se détacher de l'identification première à l'objet total capable de combler entièrement l'Autre (la mère). Pour l'envieux, il ne peut y avoir qu'une seule place : celle de celui que sa mère (l'Autre) regarde. Si cette place est prise, il n'y en a pas d'autre possible pour lui. Privé du regard de la mère et par là de ce retour initial qu'est l'image de soi venant de l'Autre, il est confronté au vide de lui-même et au sentiment de ne plus exister. Il se sent transparent.

Le sentiment de ne plus exister, à l'œuvre dans l'envie, est radical et s'accompagne d'une souffrance narcissique très forte. L'envieux restant dans le registre imaginaire, son choix d'objet est narcissique : la personne qu'il envie est un autre quasi semblable à lui. Ce quasi semblable est vécu par l'envieux comme possédant un objet précieux que lui-même n'a pas et qui paraît essentiel à sa propre existence. L'envieux est très dépendant d'une représentation de soi et de l'autre comme complets, représentation héritée du stade du miroir. Il y a l'idée que l'autre n'est pas animé par le manque, qu'il est complet et qu'il possède la clé de ce que l'envieux ne trouve pas en lui. C'est bien ce que l'envié a « en plus » et que l'envieux n'a pas ou a « en moins », qui fait la différence. C'est cet « en plus » que l'envieux va soit chercher à détruire, soit essayer de s'approprier. Il reste enfermé dans un triangle imaginaire : lui, l'autre (le « petit autre » au sens de Lacan) fantasmé comme complet et l'Autre (initialement la mère puis tout ce qui, par un processus de transfert, prend sa place), auprès de qui il s'agit d'être reconnu, qu'il faut satisfaire et combler, ce que l'envieux se sent incapable de réaliser puisque l'autre posséderait ce qui lui manque à lui pour justement combler l'Autre.

C'est ici que l'on comprend la différence essentielle entre l'envie et la jalousie. L'envie renvoie, dans notre construction psychique, à la phase pré-œdipienne de notre développement, elle est fondamentalement en lien avec notre narcissisme. La jalousie, émotion plus « mature » que l'envie, renvoie à la phase œdipienne de notre développement, lorsqu'il s'agit de renoncer au parent de sexe opposé. La jalousie suppose de se sentir séparé et différent de celui que l'on jalouse. Elle implique une perte réelle et non un manque fantasmatique. Enfin, la jalousie est étroitement liée au moment où s'élabore l'identification sexuelle tandis que l'envie s'enracine dans ce moment où le moi s'élabore comme entité unifiée.

Ancrage psychique du mimétisme

L'envie peut donc être considérée comme correspondant chez le sujet à la prééminence du registre de l'Imaginaire, sur lequel il s'est initialement construit. Cette conception ne remet pas en cause les développements du chapitre 3, mais permet de leur donner une nouvelle assise.

Dans la conception psychanalytique, le mimétisme est le résidu du processus de développement de chaque être humain, développement qui comporte un passage obligé par l'autre. Les racines de l'imitation et de la fixation à un autre qui est modèle puis rival plongent dans ce moment structural de notre développement. La manifestation de l'envie dans notre vie d'adulte montre les « ratés » de ce développement, lorsque nous sommes rattrapés par un processus qui prend son origine dans la période pré-œdipienne de notre construction psychique.

Les deux perspectives (psychanalyse et théorie du mimétisme) sont complémentaires pour qui s'intéresse à l'envie en contexte social : l'une permet de comprendre l'origine de l'envie, intrinsèquement liée à la relation de dépendance de l'enfant à sa mère et au processus qui fonde le moi de l'individu ; l'autre permet de repérer et d'analyser le mécanisme qui produit l'envie dans les relations sociales, sans cependant s'interroger sur la matrice initiale qui fonde l'émergence de cette émotion.

Pour René Girard, un rôle essentiel du système social, pour éviter les processus mimétiques puis l'envie et la violence qui en résultent, est de maintenir les différences et les séparations entre les membres de ce système. Dans la conception psychanalytique, c'est le rôle qui est assigné au Symbolique : introduire le sujet aux différences, aux barrières, aux interdits, et lui permettre d'instaurer une distance avec sa propre image. Le Symbolique sert de médiateur dans la relation que le sujet entretient avec le réel et lui évite d'être entièrement captivé/capté par son image ou par son double.

Organisation et registre de l'Imaginaire

Si le surgissement de l'envie est en lien avec l'Imaginaire, notamment avec ce que l'on pourrait qualifier d'une mainmise de cette dimension sur le psychisme, il est une question essentielle à se poser dans la problématique qui nous intéresse ici : *les organisations contemporaines contribuent-elles à favoriser l'émergence de la dimension imaginaire dans les modes de management qu'elles instituent ?*

La réponse à cette question a déjà été donnée par un certain nombre de psychosociologues s'intéressant au fonctionnement des entreprises modernes, ou plutôt hypermodernes, comme certains les qualifient. La problématique de l'envie qui lui est associée n'a cependant pas été abordée et je m'efforcerai de l'articuler à leur conception de l'organisation.

Du contrôle du corps au contrôle du psychisme

Ces réflexions s'appuient à l'origine sur l'étude de grandes entreprises, notamment américaines, telles qu'IBM, Hewlett Packard, Procter & Gamble, American Express ou McDonald's[1]. Elles s'appliquent aussi à de nombreuses entreprises d'autres nationalités, tant la mondialisation de l'économie, la concurrence exacerbée, la pression des cabinets de conseil ou encore le succès de certains ouvrages de management ont contribué à diffuser des techniques de management similaires[2]. La plupart de ces auteurs soulignent un trait fondamental de ces organisations : elles auraient pour spécificité de développer une emprise psychologique profonde sur leurs salariés, en les *« prenant au piège de*

---

1. Pagès et *al.* (1979), Aubert et de Gaulejac (1991), Weber (2005).
2. Aubert (2004).

leurs propres désirs d'affirmation narcissique et d'identification, dans leurs fantasmes de toute-puissance ou dans leur demande d'amour » [1]. Alors que, dans l'entreprise moderne, développée sur le modèle taylorien, la recherche d'efficacité prime et le contrôle du corps (*via* le strict contrôle des gestes) est indispensable à l'atteinte de ces objectifs, dans l'entreprise que ces auteurs qualifient « d'hypermoderne » le contrôle est avant tout psychologique.

L'hypermodernité, entendue comme une exacerbation de la modernité, tient surtout à la sophistication des techniques managériales qui permettent une telle emprise. Celle-ci se fait en jouant sur ce que nous avons qualifié plus haut de registre de l'Imaginaire, ce qui conduit certains auteurs à utiliser le néologisme « managinaire », construit sur la condensation des termes « management » et « imaginaire », pour désigner un tel système : *« Avec le système managinaire, c'est le contrôle de la psyché qui devient essentiel. C'est le moi qui devient l'objet de contrôle : il s'agit moins d'obtenir la soumission docile que l'adhésion volontaire active ; moins l'unité obéissante que l'efficience et la rentabilité. Au confluent de l'individualisme et du capitalisme, le système managinaire réconcilie et exalte les vertus d'un moi autonome, puissant, performant et productif. L'idéologie de la réalisation de soi-même s'étaie sur la logique du profit et de la réalisation des objectifs de l'entreprise. »* [2]

Un jeu constant autour du narcissisme

La mobilisation de l'Imaginaire se fait notamment par un jeu constant autour du narcissisme.

L'entreprise contemporaine installe les individus au cœur de la problématique narcissique, en étant le lieu de *« l'affirmation d'une unité compacte et sans faille »* [3], où il s'agit de réaliser ses projets (ce n'est pas pour rien que le management par projets est entré à ce point dans les

1. Aubert et de Gaulejac (1991, p. 111).
2. Aubert et de Gaulejac (1991, p. 110).
3. Enriquez (1997, p. 86).

discours et, à une moindre échelle, dans les pratiques). Les fonctions à investir, les responsabilités à assumer, les projets à entreprendre, les objectifs à atteindre constituent autant d'éléments identificatoires pour le salarié, éléments qui jouent le rôle d'une carapace protectrice lui donnant un sentiment de permanence et d'unité et lui renvoient une valorisante image de lui-même avec laquelle il tend à se confondre tout entier.

Le salarié est constamment invité à s'identifier à l'image de toute-puissance et de perfection véhiculée par l'entreprise. Les défis (les challenges) sont valorisés et recherchés, dans une tentative de repousser toujours plus loin ses limites et de viser l'excellence. Le dépassement de soi est plus que souhaitable et présenté comme un moyen de se découvrir, de savoir qui l'on est. Le système de management par objectifs permet de fixer les limites toujours plus loin, dans une quête sans fin qui renvoie à l'individu une image de toute-puissance.

Le thème de la compétition est omniprésent, qu'il s'agisse de la compétition mondiale, avec les entreprises concurrentes qui tiennent exactement le même discours, ou de la compétition interne, entre services ou entre personnes, évalués sur des bases communes. La mobilisation doit être constante pour conquérir de nouvelles parts de marché, devancer les concurrents, réduire les coûts, augmenter la productivité, être toujours en croissance. Le succès, la victoire et la réussite sont des thématiques largement relayées dans l'organisation.

L'ensemble du système laisse le salarié dans un face-à-face avec l'organisation qui lui renvoie un modèle d'excellence, de performance, de richesse, de perfection et de jeunesse. Mis en perpétuelle tension *via* les systèmes de sélection (recrutement long et par étapes, donnant une impression de forte sélectivité), d'incitation (direction par objectifs, fortes primes, indexées sur l'atteinte et le dépassement des résultats), d'évaluation (individualisation des performances, feed-back permanent, référence à des modèles, comparaison aux autres) ou de gestion de carrière (promotion/sélection individualisées, mise en concurrence), le salarié s'investit fortement. Il y a là comme un contrat narcissique passé entre l'entreprise et lui : il « *investit sa libido narcissique dans un ensemble dont il devient partie prenante et qui lui offre reconnaissance et idéalisation* »[1].

Système « managinaire » et envie

Les coûts humains associés à de telles pratiques sont loin d'être négligeables. La survalorisation de l'action, l'obligation d'être fort, l'obsession de gagner, l'adaptabilité permanente engendrent des pathologies : parce que l'individu est mis dans une tension permanente, l'épuisement professionnel le guette. Happé par son image, telle que la lui renvoie l'entreprise, il investit son énergie au service de celle-ci, mais peut être rattrapé par un sentiment de vide : il est « pompé », sans ressort. Lorsqu'il ne parvient plus à répondre à la demande, qu'il ne remplit plus le contrat et que, en conséquence, l'entreprise se détourne de lui, le coût psychologique peut être très élevé : l'effondrement est possible lorsque l'organisation cesse de renvoyer des signes narcissiquement valorisants et que l'individu s'est trop confondu avec un moi idéal. Cet effondrement peut se traduire par de graves dépressions, par des épisodes de dépersonnalisation ou par des tentatives de suicide. Toutes ces conséquences ont été étudiées, décrites et analysées[2].

L'envie, conséquence directe du système

Cependant, l'envie n'a pas été soulignée comme un symptôme susceptible d'apparaître dans ces organisations « narcissisantes », dans ces systèmes « managinaires ». Elle semble pourtant en être une conséquence directe. En effet, le ressort de la mise en mouvement des individus dans ce type d'entreprise est la réactivation des racines infantiles du comportement humain : le cœur du dispositif est de mobiliser l'Imaginaire des salariés, notamment en maintenant l'individu dans l'illusion d'une toute-puissance et d'une complétude possibles. Cer-

---

1. Aubert et de Gaulejac (1991, p. 268).
2. Aubert et de Gaulejac (1991), Enriquez (1997), Rhéaume (2004).

tains salariés sont régulièrement mis en scène et récompensés pour les efforts qu'ils manifestent à essayer d'atteindre l'exceptionnel, le hors-norme, l'excellence, etc.

Par exemple, l'échelle d'évaluation utilisée chez American Express comporte cinq notes allant de A à E[1]. Le « A » correspond à une performance clairement hors du commun et n'est attribué qu'exceptionnellement à *« ceux qui se sont montrés tout à fait exceptionnels dans l'exécution de leurs responsabilités, qui ont constamment réussi à faire face aux challenges les plus difficiles et ont démontré un niveau d'aptitude et de motivation excédant de très loin les attentes de leurs positions »*. En général, 1 % du personnel est concerné par une telle note. Le « B » correspond à une évaluation « au-delà des attentes » et est obtenu par 10 % des employés. Elle demande *« d'avoir obtenu une performance nettement supérieure à celle des autres employés de même niveau, d'avoir constamment excédé les attentes et démontré des aptitudes et une motivation réelles pour faire face aux challenges les plus difficiles »*. Cet exemple illustre bien à quel point l'excellence est censée être un objectif à atteindre (à condition d'y mettre l'énergie nécessaire), à quel point également cette excellence implique toujours un double référentiel : par rapport aux autres, mis en miroir ; par rapport aux « attentes » qui sont posées sur l'individu.

Pris dans le triangle de l'envie

Celui-ci est donc pris dans cette configuration triangulaire où il y a, d'une part, l'autre (le « petit autre » évoqué plus haut), c'est-à-dire celui qui est mis en miroir, le modèle, l'exemple, qui est fantasmatiquement complet ; d'autre part, l'Autre (le « grand Autre ») qu'il s'agit de combler entièrement et qui est incarné par l'entreprise, instance relativement abstraite mais dont les « attentes » sont bien présentes et qui tend à juger, évaluer, renvoyer en permanence à l'individu où il est censé « être » sur l'échelle, à quelle place il est par rapport aux autres, notamment aux quasi semblables, à qui il s'agit toujours d'être comparé.

© Groupe Eyrolles

---

1. Aubert et de Gaulejac (1991, p. 123).

Ce processus, je l'ai souligné, facilite la mise en mouvement des individus. L'énergie est mise à ressembler à cet autre imaginaire toujours tendu devant soi. Mais ce processus fonctionne simplement sur l'envie. Il est impossible à l'individu de suivre son désir, puisque cela supposerait de mettre l'autre à distance. La mise en mouvement est ici produite par l'effort toujours fait pour lui ressembler. Mais le but est repoussé toujours plus loin au fur et à mesure que l'on s'en rapproche et il faut toujours recommencer.

Les organisations, qui jouent sur le registre imaginaire et prennent l'individu au piège de son narcissisme pour le pousser à mettre de l'énergie dans le système, favorisent le développement de l'envie. Ou plutôt, si *elles fonctionnent, c'est avant tout parce que l'envie est au cœur du processus qui fait « avancer » les individus*. Le désir, en tant que force inconsciente qui pousse l'individu, n'est pas manipulable, mais l'envie l'est. Certains dispositifs, comme nous l'avons évoqué, contribuent à l'éveiller et à en jouer pour mettre le salarié en mouvement et orienter son comportement.

Les ravages du narcissisme

La plupart du temps, l'envie reste cachée. Bien qu'elle soit le ressort du système, elle n'est jamais envisagée, car l'évoquer mettrait à mal l'illusion d'un individu autonome dans ses actes, mû uniquement par l'intérêt réel du travail réalisé. Pourtant, en installant l'envie au cœur de ses processus de management, l'entreprise joue un jeu dangereux. En activant le manque, en excitant en permanence la dimension narcissique de l'individu, elle met en route, à son insu, un processus dont la violence peut lui échapper.

Tuer l'autre

L'envie est issue du fait que toute relation humaine est une relation au semblable. Favoriser l'envie dans un contexte social, c'est favoriser une forme de lien. En effet, l'envie se joue toujours au moins à deux, elle est étrangère à toute notion d'indifférence, elle fait prendre un certain « ciment » social. Mais le lien de l'envie, comme nous l'avons montré au chapitre 2 (p. 33) contient en germe sa destruction, qui passera par la destruction de l'autre, par sa disparition, par son effacement ou par sa propre destruction. Utiliser l'envie pour construire l'organisation est dangereux, car c'est créer du lien sur de très mauvaises bases : l'envie lie au même, à celui qui n'est pas considéré pour sa différence et sa subjectivité, mais pour la possibilité qu'il y a à le mettre en miroir, dans la position de l'autre, du quasi semblable.

Le cas Punchy illustre bien cet aspect. Dans le magasin étudié, il est impossible d'ignorer la présence des autres, rappelée chaque jour pour ceux du magasin, chaque mois pour ceux des autres magasins. L'indifférence ne peut exister et chacun a bien conscience de travailler dans un groupe humain. En ce sens, il y a bien une forme de lien à l'autre, mais c'est un autre qu'il s'agit de dépasser, d'écraser et même de détruire, intention qui devient manifeste avec l'arrivée de « la tueuse ». L'utilisation de ce terme n'est pas anecdotique : le but est bien de « tuer » l'autre, de le reconnaître pour le supprimer. Avant même son arrivée dans le magasin, cette salariée est déjà liée au groupe : on parle d'elle, de ses performances ; dès son arrivée, il faudra se situer par rapport à elle. C'est là créer du lien et de l'organisation à bon compte. Mais c'est un lien qui, paradoxalement, contient en germe un important potentiel de destruction.

Écrasé par ses manques

Un autre problème inhérent au système « managinaire » est que l'individu risque d'être « écrasé » par ce qui le tire. Mettre en avant des modèles, jouer sur l'illusion narcissique d'une complétude possible, c'est renvoyer en permanence le sujet à ses propres manques. Plutôt que de chercher vainement à combler ce manque, l'individu, pris au piège de la tenaille dans laquelle il est coincé (avec l'autre pour modèle et les attentes, par nature impossibles à combler, de l'Autre), encourt le risque de se trouver écrasé par le sentiment de sa propre insuffisance et incapable de s'en remettre. Ce sont les symptômes de retrait, de dévalorisation et de souffrance narcissique, déjà évoqués aux chapitres 1 et 2 comme étroitement liés à l'envie.

Richard Durn ou « le sujet manqué »

Bien que le cas suivant ne se situe pas en entreprise, il permet de relier l'impact de la dimension narcissique des systèmes sociaux avec l'envie et ses conséquences potentiellement très violentes. Je m'appuie essentiellement sur l'analyse proposée par le sociologue clinicien Vincent de Gaulejac[1] pour développer ce cas extrême.

Cas 16 – Carnage à Nanterre

Dans la nuit du 26 au 27 mars 2002, Richard Durn, armé, fait irruption au conseil municipal de Nanterre. Il tue huit conseillers municipaux et en blesse dix autres. Arrêté et interrogé par la police, il se suicide le 28 mars, en sautant par une fenêtre.

La thèse essentielle de Vincent de Gaulejac est que cette issue tragique est étroitement liée aux caractéristiques de notre société « hypermoderne », dans laquelle l'idéologie de la réalisation de soi comporte un risque essentiel pour tous ceux qui n'y parviennent pas et sont, de ce fait, confrontés à la difficulté de se sentir exister dans une telle société.

Looser de l'hypermodernité

L'individu hypermoderne est constamment mis dans l'obligation d'acquérir les qualités nécessaires pour vivre le monde d'aujourd'hui. Il est ainsi censé être mobile, réactif, efficace, responsable, autonome, adaptable, capable de réaliser ses aspirations, libre, etc. Ces impératifs relayés par l'école, l'entreprise, les institutions et une partie du monde politique alimentent un idéal de perfection et d'excellence, qui s'étaye sur un désir de toute-puissance. Richard Durn, lui, est *« l'anti-modèle par excellence »,* le *« looser de l'hypermodernité »*[2] : il n'est ni autonome, ni flexible, ni responsable, ni dynamique. Alors qu'il était, d'après sa mère, très bon à l'école, il échoue dans ses études supérieures : il lui

---

1. De Gaulejac (2004).
2. Ces expressions sont de V. de Gaulejac (2004).

faut plusieurs années pour passer sa maîtrise et il échoue trois années de suite en LEA. Ne disposant pas d'une autonomie financière, il habite chez sa mère, ne subvient pas à ses besoins, n'a pas de vie de couple et se sent incapable de se projeter. Il se vit comme étant dans une impasse. Ainsi écrit-il dans ses carnets dont certains extraits seront publiés par le journal *Le Monde* : « *Je suis fatigué de constater que le temps passe et que je n'ai rien {…}. Je ne peux plus être au bas de l'échelle et voir tous les gens que j'ai côtoyés progresser dans la vie.* » Étant défaillant sur tous les aspects associés à l'autonomie et à l'insertion (vie de couple, indépendance financière, métier, etc.), il exprime clairement la difficulté qu'il éprouve à se sentir exister : « *Je n'ai pas vécu, je n'ai rien vécu à trente ans* »[1]. Se qualifiant lui-même de « *lâche et (de) crétin* », « *d'esclave et de faible* », se trouvant « *immature et déglingué* », il éprouve un profond sentiment d'infériorité. Il est saisi par la vacuité de son existence.

Le terreau sur lequel l'envie se développe est bien présent : la référence aux autres est constante et elle le renvoie à un constat d'échec permanent, à une souffrance narcissique de plus en plus intolérable. Sa frustration ne cesse de se développer jusqu'à atteindre un seuil insupportable.

« *Puisque j'étais devenu un mort-vivant par ma seule volonté, j'ai décidé d'en finir en tuant une mini-élite locale qui était le symbole et qui étaient les décideurs dans une ville que j'ai toujours exécrée* », explique-t-il lors de son audition[2], peu avant de se suicider. Il n'exprime pas autre chose dans son journal, quelques semaines avant son passage à l'acte[3] : « *Le conformiste que je suis a besoin de briser des vies, de faire du mal pour, au moins une fois dans ma vie, avoir le sentiment d'exister. Le goût de la destruction, parce que je me suis toujours vu et vécu comme un moins que rien, doit cette fois se diriger contre les autres, parce que je n'ai rien et que je ne suis rien. […] Je ne mérite pas de vivre. Mais je dois crever au moins en me sentant libre et en prenant mon pied. C'est pour cela que je dois tuer des gens. Une fois dans ma vie, j'éprouverais un orgasme. J'éprouverais le sentiment de puissance, d'être quelqu'un.* »

---

1. Carnet du 9 février 1999.
2. 27 mars 2002, au quai des Orfèvres.
3. Carnet du 2 janvier 2002.

De l'impuissance à la toute-puissance

Le thème de la puissance (qu'elle soit toute-puissance ou impuissance) est très présent dans ses propos. Il se décrit comme le looser absolu, alors qu'il voudrait être au-dessus des autres, détenir pouvoir et notoriété, être reconnu. L'illusion d'un moi autonome, libre, tout-puissant, condition pour se sentir pleinement exister, fonctionne parfaitement, mais pour le renvoyer à sa propre inanité. Il ne se conçoit que sur une échelle allant du moins au plus, et censée représenter « l'être » dans son entier. L'excès est censé le faire exister. Il y a là une impossibilité à supporter le manque et à voir l'autre comme également manquant. La quantification de soi (il se décrit comme un « moins que rien »), la confusion entre les registres de l'avoir (une situation, une famille, de l'argent) et de l'être (pour pouvoir être, il faut avoir) et la comparaison permanente avec les autres sur cette échelle de l'avoir, instille le poison de l'envie. Le sentiment d'impuissance et le dégoût de soi alimentent une rage de plus en plus grande qui va finir par se retourner vers ce qu'il considère comme en étant à l'origine. Dans ses carnets se développe, à côté du thème de l'échec et de la honte, un ressentiment croissant pour ceux qui représentent le pouvoir.

Faire exploser le triangle de l'envie

Ce qu'il ne parviendra pas, dans la vie, à atteindre, il l'atteindra dans la mort : seule celle-ci lui procurera la puissance et la notoriété, qui forcera « la société » à le (re)connaître, à associer son nom à une image, celle d'un meurtrier. Le choix de sa cible et du moment auquel il passera à l'acte est hautement signifiant dans sa problématique. Il s'agit des conseillers municipaux de sa ville, réunis en conseil municipal. Ces conseillers condensent une double position[1] :

- celle de l'autre, miroir de lui-même, mais dans le versant « plus » : ils représentent notamment le pouvoir, qu'ils sont en train d'exercer puisqu'il s'agit d'un conseil municipal ; c'est un pouvoir et une puissance mis en scène qu'il s'agit de détruire ;

---

1. Interprétation personnelle du cas Richard Durn.

• celle de l'Autre (au sens du grand Autre) : ils représentent la ville qu'il exècre car il a le sentiment qu'elle n'a pas su le reconnaître, lui donner sa place. La ville, c'est « l'Autre », auprès de qui il s'agit de se faire reconnaître.

Il aurait pu tuer d'autres représentants du pouvoir : des personnes très riches, un chef d'entreprise, etc. Il choisit ceux qui incarnent, pour lui, à la fois l'autre et l'Autre. Comme je l'ai souligné précédemment, l'envieux reste enfermé dans un triangle imaginaire où il y a lui, l'autre (fantasmé comme complet) et l'Autre (initialement la mère puis tout ce qui, par un processus de transfert, prend sa place), qu'il s'agit de satisfaire et de combler, ce que l'envieux se sent incapable de réaliser puisque l'autre posséderait ce qui lui manque à lui pour justement combler l'Autre. En tuant les membres du conseil municipal réunis pour exercer leur mandat, Richard Durn essaie d'un seul geste de faire exploser ce triangle dans lequel il s'aliène.

Comme le souligne Vincent de Gaulejac, Richard Durn est un psychotique et son acte relève de la pure folie, mais cette explication psychopathologique, bien que nécessaire, est insuffisante pour comprendre la genèse d'un tel geste : « *Elle permet de désigner un coupable, en lui renvoyant la charge de la faute. Explication d'autant plus recevable que sa vie témoigne de troubles sérieux – instabilité, dépression, tentatives de suicide, marginalité – qui sont autant de symptômes de ses difficultés d'être. Mais ces symptômes révèlent également les contradictions de notre monde. Richard Durn se vit comme un raté absolu, comme l'exemple typique de l'inaccomplissement de soi, indiquant en négatif une exigence sociale : chaque sujet est confronté à la nécessité de s'accomplir et cet accomplissement dépend de la reconnaissance des autres.* »[1]

Cet exemple extrême permet d'insister sur le rôle du système social dans la construction de cette pathologie. Dans un système où règne l'idéologie de la réalisation de soi, avec son exigence d'excellence, de puissance et d'autonomie, à trop mobiliser l'Imaginaire, on court le risque de *voir se déchaîner une envie radicale, notamment chez ceux pour qui le coût psychique de l'écart à l'idéal, au modèle, est trop élevé.*

---

1. De Gaulejac (2004, p. 141).

Noémie ou l'effondrement narcissique

L'exemple de Richard Durn, bien qu'il permette de comprendre les liens entre un système qui mobilise essentiellement l'imaginaire du sujet et le développement de l'envie, est extrême et se situe dans un contexte social qui n'est pas organisationnel.

Je vais à présent exposer un autre cas, qui se situe dans une entreprise hypermoderne.

Cas 17 – De l'investissement passionnel à l'effondrement[1]

Noémie, après des études supérieures, a été recrutée par la filiale française d'une multinationale qui fonctionne selon les principes décrits plus haut de l'organisation hypermoderne, principes concourant à maintenir une forte emprise psychique sur ses salariés *via* la mobilisation de leur imaginaire.

Pendant neuf ans, Noémie adhère pleinement à ce système pour lequel elle travaille avec acharnement, parfois sept jours sur sept. Son investissement professionnel est intense et, comme le montrent les deux auteurs du cas, repose sur un contrat narcissique implicite passé entre Noémie et son entreprise : en échange d'un certain mode de comportement orienté vers la progression et la réussite selon les critères de l'organisation, celle-ci offre à Noémie reconnaissance, appartenance et valorisation. Noémie se trouve entièrement captée par la dimension imaginaire, il n'y a plus d'intermédiaire entre elle et l'organisation toute-puissante (l'Autre au sens de Lacan) qui lui renvoie une image hautement valorisante, à laquelle elle s'identifie totalement, en échange d'une aliénation de sa subjectivité.

« Quand vous entrez là-dedans, vous vous devez à ça, vous vous devez à cette organisation ; de toute façon, on ne peut, en tant que cadre, fonctionner que comme ça, et tous ceux qui n'adhèrent pas à ça sont très vite écartés », dira plus tard Noémie pour décrire son expérience. *« C'est vraiment une organisation qui vous broie, qui vous mange… Ça se traduit par une espèce d'éthique, de culture d'entreprise qui fait que vous êtes les meilleurs, avec le slogan : vous êtes les plus beaux, les plus grands, les plus forts. Vous devez être excellent en tout, c'est écrit dans votre contrat, c'est l'excellence par l'excellence… Tous les deux mois, il faut se remettre*

---

1. Aubert et de Gaulejac (1991, p. 184-190). Je porte la responsabilité du recours au concept d'envie et de l'interprétation que je fais des données présentées par ces deux auteurs, à l'aide de ce concept.

dans le bain de l'excellence, il y a tout un planning de training, de séminaires. On vous envoie dans un très bel endroit et, pendant une semaine, on vous rappelle les objectifs et pourquoi vous êtes là et qu'est-ce que vous devez faire et que chaque petite action est nécessaire pour l'organisation. »[1]

« Il faut être le plus fort, le plus parfait, toutes les notes parlent de perfection, et la direction générale et la direction des ressources humaines font régulièrement – tous les deux jours en moyenne – une note sur la notion de perfection, d'exigence envers soi-même et envers le client. »[2]

Au bout de quelques années se produit un changement organisationnel qui a d'importantes répercussions pour Noémie : l'entreprise est passée de 400 à 2 000 personnes, elle est réorganisée, et une partie de l'autonomie qui lui était octroyée disparaît. Mais, surtout, Noémie vit très mal un conflit qui se développe avec un de ses collègues qui, du fait de la réorganisation, devient son supérieur hiérarchique alors qu'elle travaillait jusqu'alors au même niveau que lui : *« On avait deux façons de voir les choses [...], mais tant qu'on a été égaux, ça a très bien marché. Après, il a voulu me faire plier et je l'ai très mal supporté... Mais ce qui m'a fait le plus mal, c'était qu'on reconnaisse ce type, alors qu'il n'avait jamais rien fait de notoire. Quand il y avait de grands besoins, de grands problèmes, il n'était pas là. Quand il fallait résoudre un scénario catastrophe, il n'était pas là, il arrive juste au moment où tout est bon... et qu'une organisation comme ça le reconnaisse, je crois que ça m'avait brouillée, quoi ! [...] À travers lui, j'avais un rapport passionnel vis-à-vis de l'organisation, et le reproche que je lui faisais, à lui, c'était en fait envers cette organisation qui vous promet quelque chose... et puis on n'y arrive pas...* »[3]

Noémie trouve alors de plus en plus difficile d'aller travailler, pleure beaucoup, se sent démotivée, jusqu'au jour où elle s'écroule complètement : *« Le jour où ça a vraiment basculé, c'était assez dramatique dans la mesure où on m'a toujours vue très vive, très solide, très debout, et ce jour-là je me suis physiquement écroulée. Je me rappelle très bien, j'étais dans mon bureau, je suis rentrée, j'ai posé mon sac, c'était la crise de larmes, je sentais... c'était pire que si j'avais quelqu'un de mort devant moi... mais quelqu'un de très cher qui était mort... j'étais incapable de m'arrêter. Puis là, c'est toute mon image de marque qui s'est cassée...c'est comme si je prends quelqu'un qui est debout et puis je le casse.* »[4]

---

1. Aubert et de Gaulejac (1991, p. 188).
2. Idem, p. 189.
3. Idem, p. 186.
4. Idem, p. 187.

On ne peut exprimer plus clairement sur quelles bases fonctionne l'échange entre l'entreprise et Noémie. Celle-ci est maintenue dans l'illusion d'un moi idéal, parfait et tout-puissant, auquel elle se confond entièrement, au prix d'une aliénation totale à l'entreprise dont elle attend amour et reconnaissance. En termes plus lacaniens, l'entreprise joue le rôle de l'Autre, perçu lui aussi comme entier et tout-puissant, qu'il s'agit de satisfaire et de combler totalement.

À partir de la réorganisation, moment que Noémie situe comme le début de sa chute, s'amorce un processus de désidéalisation de l'entreprise qui aboutit à une grave dépression. Elle se retrouve alors en clinique psychiatrique pendant quatre mois, à l'issue desquels elle démissionne, ayant le sentiment que c'est la seule chose à faire pour « *sauver sa peau* ».

L'analyse de Nicole Aubert et Vincent de Gaulejac s'appuie surtout sur les concepts empruntés à la psychanalyse d'idéal du Moi et de Moi idéal, et montre comment ce type d'organisation fournit au sujet un support d'étayage de sa personnalité. C'est alors « *l'angoisse de perte d'objet* » qui menacerait la personne, car « *sans objet, elle risque de sombrer dans la dépression. C'est bien ce qui se produit dans le cas de Noémie, lorsqu'elle perd l'appui de l'organisation et que cette perte entraîne la rupture et la perte de son Moi idéal. Elle tombe alors dans un processus de dépression aiguë, au cours duquel elle doit affronter cette perte, sans pouvoir, durant un temps, la surmonter.* »[1]

Quand l'organisation détourne son regard

Ce qui m'intéresse particulièrement dans ce cas, c'est ce moment charnière que décrit Noémie, lorsqu'un autre, dont elle était jusque-là l'égale, devient soudain son supérieur hiérarchique. Ce qui la blesse profondément, mais surtout amorce le processus de chute, c'est « *qu'une organisation comme ça le reconnaisse* ». Il y a bien là une configuration où l'autre (le collègue, jusqu'alors « égal »), mis en miroir, est vécu fantasmatiquement comme captant soudain entièrement le

---

1. p. 204.

regard de l'Autre (l'organisation). Le sujet (Noémie) perd alors ce sur quoi il s'appuie pour exister et dont il n'a pu se détacher : le regard, le soutien et le désir de l'Autre, qui lui donnaient l'illusion d'être complet et tout-puissant. Perdre ce regard, c'est risquer de se retrouver dans cet état antérieur au stade du miroir, où le sujet se sent un corps morcelé. C'est ce qu'exprime Noémie en disant : « *{…} c'est toute mon image de marque qui s'est cassée… c'est comme si je prends quelqu'un qui est debout et puis je le casse* ». L'organisation ne fait pas que retirer son regard, elle le porte sur un autre. Nous sommes ici au cœur du processus de l'envie, qui se joue à trois : Noémie, l'Autre (l'organisation) et l'autre (le collègue) qui en captant le regard, l'amour et l'attention de l'Autre prive le sujet de ce retour initial qu'est l'image de soi venant de l'Autre. C'est à ce moment précis que Noémie est confrontée au vide intérieur et au sentiment de ne plus exister.

Nous retrouvons dans ses propos les mécanismes propres à l'envie. D'une part, Noémie cherche à remettre en cause la valeur de son collègue (il n'est pas bon, l'organisation se trompe à son sujet, etc.), c'est ainsi que j'interprète ses propos qui consistent à le dénigrer. Elle entre en conflit avec lui. Or, d'après ses dires, lorsqu'ils étaient « égaux », tout se passait très bien. Envisagés dans le cadre de l'envie, les propos de Noémie sont logiques : il s'agit d'une manifestation de son hostilité, de la haine que déclenche chez elle la vue de ce rival, qu'elle vit comme lui soustrayant le regard et donc l'amour de l'organisation. Elle cherche symboliquement à l'effacer en le dénigrant. D'autre part, elle ne peut s'empêcher d'être assaillie par un sentiment d'échec, reprenant ainsi à son compte ce qu'elle interprète comme étant le verdict de l'organisation en ce qui la concerne. Si elle n'est pas promue, c'est qu'elle n'est pas assez bonne, n'a pas assez de valeur : « *… et puis on n'y arrive pas…* », dit-elle. On retrouve ici deux symptômes associés à l'envie :

- l'agression de l'autre, le double du miroir, dont la vue est insupportable car elle renvoie le sujet à sa propre incomplétude ;
- le retrait et la dépression, lorsque le sujet est « assommé » par le sentiment de son manque de valeur, lorsqu'il se sent inexistant, transparent aux yeux de l'Autre qui a détourné son regard vers un autre.

Ainsi que le suggère Lacan, le sujet en proie à l'envie est *un sujet au bord de l'évanouissement, au bord de la disparition.*

Se détacher de l'autre pour revenir à soi

Afin de mieux comprendre ce qui se passe dans le cas de Noémie, nous pouvons prendre comme cas, *a contrario,* celui du professeur qui apprend que son collègue et ami a trouvé un poste dans une meilleure université. Nous avons dans ce cas le triangle de l'envie : le sujet, l'autre (le collègue, en position de double du miroir) et l'Autre (le système universitaire avec ses règles de valorisation). En apprenant la nouvelle, il se sent tout d'abord envieux, mais il va progressivement prendre ses distances par rapport à l'autre (son collègue) et à l'Autre (le système universitaire) et se dégager ainsi du triangle qui permettait à l'envie de se maintenir. Identifiant en lui l'émotion de l'envie, il se trouve entraîné dans une réflexion sur lui dont l'objectif est de donner du sens à l'écart surgi soudain entre lui-même et un autre, qu'il croyait si semblable à lui. Plutôt que de rester dans l'idée que l'autre est son double, mais avec cet « en-plus » qui lui manquerait à lui pour être mis à sa place, il cherche plutôt à interpréter cet écart. Une interprétation possible consiste à se dire que l'autre, le « presque semblable » n'est finalement pas si semblable que ça. Il s'agit alors de comprendre où sont les différences ; cela peut conduire la personne à prendre conscience de ce qui est vraiment important pour elle : « *Certes, j'aimerais être moi aussi à ce poste, mais d'un autre côté, si j'y ai renoncé il y a quelques années, c'est parce que je savais quels coûts y étaient associés : une pression beaucoup plus forte, un temps personnel restreint, un moindre investissement dans la vie de famille.* »

Le fait de se sentir envieux et de reconnaître cette émotion peut conduire la personne envieuse à faire le point sur elle-même et à ressentir l'ambivalence qu'elle peut avoir vis-à-vis de ses projets professionnels : tout choix demande certains renoncements et toute évolution comporte à la fois des gains et des pertes. Il s'agit alors de clarifier les renoncements faits, de mieux comprendre pourquoi on les a faits, ce qui induit chez la personne un rapport plus authentique à elle-même et la conduit à comprendre ce que cela lui a apporté de ne pas aller plus loin dans un système qui encourage un certain type de performance. Certains renoncements peuvent être interprétés comme une affirmation de soi, dans la mesure où il s'agit de s'écarter des normes de valorisation du système (et de se déprendre de l'emprise de l'Autre), de ne pas se mettre en miroir d'un autre qui réussit dans ce système et de construire un projet professionnel plus respectueux de soi. Toute cette démarche de réflexion sur soi-même a comme conséquence de faire disparaître l'envie, de l'effacer, au fur et à mesure que l'individu dénoue les liens qui auraient pu l'attacher durablement dans le triangle de l'envie formé par lui/l'autre/l'Autre.

En ce qui concerne Noémie, au contraire, il n'y a pas d'échappatoire à ce triangle dont elle reste prisonnière. Elle ne peut même pas amorcer la moindre prise de recul, dans la mesure où il lui est probablement impossible de reconnaître en elle les germes de l'envie[1] : pour cause, puisque tout le système occulte cette dimension, alors (ou parce) qu'il fonctionne justement en s'appuyant sur ce triangle de l'envie. Le cas de Noémie me semble emblématique de ce qui peut se produire dans le rapport qui s'établit entre l'individu et le système de management, dans les organisations qui mobilisent fortement l'imaginaire de leurs salariés.

Envie au couvent

Certaines organisations, bien avant les organisations hypermodernes qui font l'objet de ce chapitre, ont su exploiter la dimension narcissique potentiellement présente chez toute personne, pour mener leurs membres à une identification quasi totale à leurs finalités. Alors déjà, elles pouvaient être ravagées par le déchaînement de l'envie, lorsque le mécanisme qui était au fondement de l'adhésion échappait à toute possibilité de régulation et de contrôle, dépassant ainsi ceux qui l'avaient mis au cœur du système.

Par exemple, l'étude de la vie au couvent montre que l'envie pouvait y être à l'œuvre et conduire à une extrême violence au sein de certaines communautés. Enfermement, punitions, sévices, privations de soins, maltraitance psychologique, empoisonnements, accusations de sorcellerie, etc., pouvaient,

---

1. Les données ne me permettent ici que de faire des hypothèses.

dans certains cas, être mis sur le compte de l'envie[1]. Il arrivait que la communauté doive finalement être dissoute lorsque le scandale de la violence interne qui y régnait était ébruité.

Plusieurs caractéristiques du couvent et de ses modes de fonctionnement peuvent être invoquées pour comprendre le développement de ce sentiment. Tout d'abord, « *il s'agit d'un espace confiné, dans lequel les relations humaines sont limitées à un cercle restreint de personnes, duquel on ne peut pratiquement pas s'échapper. C'est aussi un monde où le temps est extrêmement réglé, où les activités sont organisées de manière stricte, et où de tout petits riens de la vie quotidienne peuvent alors être érigés en événements aux conséquences graves.* »[2] Au sein de cet univers clos, une certaine uniformité est de règle : les femmes sont entre femmes ; les charges de supérieure, de maîtresse des novices, etc., sont temporaires et électives ; les astreintes de prière, de travail, d'abstinence alimentaire sont également réparties et aucune ne peut normalement s'y soustraire. Dans certains ordres, il est même prévu que les sœurs échangent régulièrement entre elles vêtements et objets personnels, afin d'éviter qu'elles ne s'y attachent. On retrouve ici les règles propres à de nombreuses communautés, religieuses ou non, dans lesquelles l'indifférenciation est au fondement de la constitution du groupe. Comme je l'ai développé au début du chapitre 4 avec l'exemple des kibboutzim, de telles organisations contribuent à « développer du même », de l'identique, terreau favorable à l'éclosion de l'envie.

Cependant, une autre caractéristique ajoute un facteur essentiel, susceptible d'expliquer le déchaînement violent de cette émotion. En effet, le couvent est un lieu clos régi par des principes d'émulation très puissants : « *Dans un couvent, toutes les femmes recherchent en principe le même but : par le perfectionnement de soi, se gagner les grâces divines, et par la même occasion la reconnaissance des autres. Mais seules quelques-unes y parviennent, ne pouvant donc que susciter l'envie chez les autres. Ces dernières, pour se défendre, ne font qu'attenter à l'image de la sainte, contester ses vertus et ses grâces spirituelles, et en fait l'accuser d'avoir commerce avec le diable. [...] La sainte cherche également à attenter à la personne des autres, jugées insuffisamment dévotes ou obéissantes, en prétendant lire dans leur conscience, et avoir un effet sur leur destin par ses prières.* »[3]

Au couvent, la dimension narcissique est au cœur du lien qui unit l'individu à sa communauté : « *Le jeu se développe dans une quête obstinée et égocen-*

---

1. Heyberger (2005).
2. Heyberger (2005, p. 73).
3. Heyberger (2005, p. 76).

trique du perfectionnement intérieur qui doit mener à une relation individuelle forte avec l'époux divin. Il est d'autant plus cruel et pervers que c'est la plus mortifiée, la plus humble, qui aura la meilleure place et que son comportement vous sera donné en exemple à suivre. De plus, malgré vos efforts pour atteindre cet idéal, il se peut que Dieu, pour des raisons qui vous échappent, accorde finalement ses faveurs à une autre que vous, sans que vous trouviez ce choix objectivement justifié. »[1] On retrouve bien la relation triangulaire génératrice de l'envie : la relation à l'autre, d'autant plus comparable à soi qu'elle est du même sexe, vit dans des conditions identiques, a les mêmes droits et les mêmes devoirs ; la relation à l'Autre, ici associé à « l'époux divin » auprès de qui il s'agit de se faire reconnaître, cette reconnaissance devant garantir ensuite celle des autres. Il est d'autant plus difficile de sortir de ce triangle que le couvent est un lieu clos, vivant en quasi-autarcie. Lorsque l'envie se déchaîne, elle peut y faire des ravages difficiles à contrôler, qui vont parfois jusqu'à la destruction de la communauté.

De Narcisse à Némésis

Dans la perspective développée dans ce chapitre, l'envie est finalement envisagée comme le revers de la médaille dans des organisations où l'individu est encouragé dans la voie du narcissisme. Celle-ci s'exerce *via* une course à l'excellence, au toujours plus, au dépassement de soi, tandis que l'organisation renvoie en permanence à ses membres où ils se situent dans cette course, par rapport aux autres, et ce qu'ils doivent avoir pour visée. La figure de l'autre, du modèle, mis en miroir, est essentielle pour alimenter le processus par lequel l'individu s'investit au service de l'entreprise. Cela induit une forme d'émulation et de compétition, mais a comme corollaire le développement quasi inévitable de l'envie. On passe alors de la figure de Narcisse à celle de Némésis, figuration grecque de l'envie.

La présence de l'envie évoque l'extrême fragilité de ces systèmes assis sur la fragilité des individus qui les composent, minés au cœur de leur identité par l'impossibilité de dépasser le questionnement narcissique. Même lorsqu'ils réussissent, cette réussite est toujours relative, comme dans le cas Punchy, où l'on sait que l'on est toujours

---

1. Heyberger (2005, p. 74).

menacé de retomber bien bas dans le tableau de performances, même si on a obtenu les meilleures places et qu'il faut toujours aller plus loin. La réussite, si réussite il y a, n'est jamais que momentanée, provisoire. L'envie est un poison, avons-nous dit, mais c'est un poison présent bien avant que l'on en perçoive les conséquences. Il est en effet facile de voir l'envie lorsqu'elle est associée à l'échec patent de l'individu, à son incapacité à réussir selon les critères en vigueur dans l'organisation ou dans la société, et qu'elle le conduit à une violence manifeste ou à une grave dépression nécessitant un suivi psychiatrique. Mais, la plupart du temps, l'envie est déjà là, tapie au cœur du système, chez ceux qui paraissent réussir. Dès lors que cette quête de réussite s'inscrit dans un rapport narcissique à l'autre, le ver est dans le fruit.

Dans le chapitre 4, j'ai exposé en quoi l'organisation contemporaine, en utilisant des outils de gestion qui généralisent la possibilité de comparer les salariés entre eux et de mettre en scène ces comparaisons, était susceptible d'être un lieu où se développe l'envie. Dans la mesure où ces évolutions sont caractéristiques de la plupart des organisations, grandes ou petites, privées ou publiques, cela signifie que l'envie est une émotion susceptible de se retrouver dans de nombreuses structures, en tant que conséquence non désirée et souvent dissimulée de leur mode de fonctionnement.

Dans ce chapitre, j'ai insisté sur l'organisation hypermoderne, dans laquelle toutes les techniques de management convergent pour développer une profonde emprise psychologique sur les salariés, en les prenant au piège de leurs propres désirs d'affirmation narcissique. Dans l'organisation hypermoderne, l'envie permet de mobiliser le salarié, de le conduire à s'engager dans la compétition interne. L'envie n'est plus alors simplement une conséquence des modes de management, elle est au cœur même du dispositif, avec le paradoxe qu'elle ne peut jamais être dite, car la désigner reviendrait à démonter tout le mécanisme sur lequel s'appuie l'implication des salariés. C'est dans ce cas qu'elle est susceptible d'engendrer les ravages les plus importantes, notamment en conduisant à de graves attaques du système ou en contribuant à l'effondrement psychique de l'individu.

Cependant, nous pouvons avancer l'hypothèse que ces organisations n'attirent pas n'importe quel salarié mais, bien au contraire, ceux dont la structure psychique est le plus en adéquation avec leur mode de fonctionnement, ceux chez qui le questionnement narcissique est difficile à dépasser. L'envie n'est alors pas simplement un épisode qui peut intervenir au cours de leur carrière professionnelle, elle est plutôt le moteur de cette carrière, avec tous les dangers que cela peut comporter sur le long terme, lorsque l'organisation sur laquelle ils s'étayent les lâche, lorsque l'échec pointe son nez ou lorsqu'une réorganisation modifie brutalement les places à leur détriment.

Fiche 4

Que faire si je ressens de l'envie à l'égard de quelqu'un qui me semble avoir mieux réussi que moi ?

Si vous êtes capable de vous poser cette question : BRAVO ! Vous avez le courage d'identifier cette émotion comme étant de l'envie et de l'exprimer. Voilà un point essentiel pour progresser et éviter de rester bloqué dans des émotions négatives vis-à-vis de cette personne (colère, haine sourde, ressentiment, énervement, dénigrement, incapacité de travailler avec elle, etc.) ou vis-à-vis de vous-même (tristesse, découragement, sentiment d'échec, d'infériorité, etc.).

Essayez de prendre du recul pour affiner ce qui, chez l'autre, déclenche votre envie : sur quels points précis se concentre-t-elle ? Est-ce une promotion qu'a eu l'autre ? Est-ce le fait qu'il/elle réussisse un projet ? Est-ce un niveau d'étude ? etc.

Revenez ensuite à vous-même : à quoi ces points précis renvoient-ils dans votre expérience ? À quoi cela fait-il écho ? Cela vous permet de cerner certains aspects qui restent douloureux dans votre expérience : un échec particulier, un idéal que vous aviez et que vous n'avez pas atteint, un sentiment plus diffus de ne jamais être à la hauteur, etc. Ce sont ces points-là qui sont à travailler : pourquoi avez-vous autant de mal à accepter cet échec ? Ou l'échec en général ? D'où vient cet idéal si exigeant ? Pourquoi continuez-vous à le porter alors qu'il vous empêche de savourer les aspects positifs de votre carrière ? etc.

Profitez-en pour réfléchir à votre parcours. Repensez aux raisons pour lesquelles vous avez fait certains choix plutôt que d'autres. Repensez également au contexte plus global dans lequel vous avez évolué : quels sont vos choix de vie ? Qu'est-ce qui vous a aidé/freiné dans votre carrière ? De quoi êtes-vous fier ? Quand vous êtes-vous étonné de découvrir en vous de nouvelles ressources ?

Progressivement, vous allez ainsi vous réapproprier votre parcours : c'est le vôtre et il n'est comparable à aucun autre ; il vous a apporté des satisfactions, mais aussi des difficultés, des joies mais aussi des échecs ; il est riche et complexe. Il n'appartient qu'à vous.

L'envie sera peut-être encore un peu là, mais apaisée, relativisée, beaucoup plus loin de vous. Si elle récidive, recommencez l'exercice et profitez-en pour approfondir de nouveaux aspects.

Identifier l'envie en soi, c'est se donner l'occasion de mieux se connaître... Profitez-en !

Chapitre 6

REPÉRER LES OCCASIONS D'ENVIER POUR ÉVITER LA TOXICITÉ ÉMOTIONNELLE

Dans les chapitres précédents, j'ai montré de quelle manière les systèmes organisationnels et les modes de management pouvaient contribuer à ce que l'envie se développe avec des conséquences plus ou moins prononcées. Le problème mis en avant était que l'envie, lorsqu'elle devient une composante majeure du mode de fonctionnement, dans une organisation, peut y avoir des effets destructeurs. Cependant, tous les systèmes ne fonctionnent pas comme ceux dont j'ai donné l'exemple aux chapitres 4 et 5. Dans de nombreuses structures, l'envie n'est pas aussi systématique et aussi ancrée. Elle peut survenir, mais doit alors être considérée comme une production du système à un moment donné, plutôt que comme une dimension permanente de celui-ci. L'enjeu, dans ce cas, est de savoir l'identifier et d'être attentif à certains moments de la vie organisationnelle, susceptibles de la réveiller.

Les émotions sont inévitables en contexte professionnel

L'expérience de travail est imprégnée d'émotions[1]. Celles-ci peuvent être discrètes ou violentes, négatives ou positives, concerner une équipe ou une seule personne, se produire de manière répétée ou en

_____
1. Ashkanazy et al. (2000), Payne et Cooper (2001).

de rares occasions. Quelle que soit la forme sous laquelle elles se manifestent, les émotions sont omniprésentes en entreprise et interviennent dans de nombreux processus de décision et d'action. Il serait étonnant en effet que les individus puissent mettre de côté leurs émotions huit heures par jour et cinq jours par semaine ! De plus, chez de nombreux salariés, l'expérience de travail est le lieu d'un réel investissement identitaire, qui s'accompagne de la mobilisation d'une forte énergie psychique. Les enjeux personnels peuvent être importants chez certaines personnes. De manière générale, les situations de travail nécessitent, dans de nombreux cas, des interactions étroites et fréquentes entre les personnes et des niveaux d'interdépendance élevés, susceptibles de faire naître diverses émotions. Tout contexte de travail produit donc en permanence de très nombreuses émotions.

Parmi ces émotions, certaines sont légères, plaisantes et rendent le travail plus agréable. Ainsi, lorsque la bonne humeur règne dans une équipe et que l'humour y est fréquemment utilisé ou lorsque les salariés ont l'impression d'être considérés en tant que personnes par un manager empathique. Il arrive aussi que l'expérience de travail soit associée à des émotions douloureuses, négatives, difficiles à vivre. Les individus peuvent, par exemple, ressentir de la colère, de la frustration, de l'amertume, du dégoût, de la tristesse, du stress ou de l'envie !

Dans certains cas, ces émotions trouvent leur origine à l'extérieur de l'organisation : un salarié peut apprendre qu'il a une grave maladie ou doit s'absenter pour soigner un enfant ou parent malade ; un autre vit le décès d'un proche ; un autre encore est confronté à un conflit avec un membre de sa famille, a eu un accident de voiture ou doit gérer une infiltration d'eau dans sa maison ; une grève des transports complique l'accès au lieu de travail. Dans tous ces cas, même si les événements sont externes à l'organisation, les émotions qui en résultent ont des retombées en interne : le salarié ne peut laisser ses sentiments à la porte de l'entreprise et ses collègues seront affectés par ses émotions, soit indirectement, par empathie ou par effet de contagion, soit directement, parce que son comportement est modifié ou perturbé.

Il arrive aussi fréquemment que les causes des émotions désagréables ou douloureuses aient directement à voir avec l'organisation elle-même. Un membre de l'équipe ou le manager peuvent avoir des comportements mal compris ou mal vécus par les personnes qui travaillent avec eux. Une décision de réorganisation a des répercussions sur le nombre de postes et l'organisation du travail. Un client annule un important rendez-vous au dernier moment. L'absence d'un salarié perturbe l'organisation d'un service. Un salarié se blesse au travail. Les résultats annoncés sont moins bons que prévu... Nous pourrions sans peine multiplier les exemples ! Toutes les entreprises, tous les contextes de travail sont le lieu quotidien d'événements plus ou moins désagréables, susceptibles d'engendrer leur lot d'émotions négatives. Le plus étonnant est que, dans la plupart des cas, ces émotions sont traitées au fur et à mesure par le système, elles ne « s'enkystent » pas.

Émotions toxiques dans les organisations

Mais il arrive que l'organisation ne parvienne pas ou plus à gérer et à éliminer régulièrement ces émotions. C'est alors que celles-ci peuvent devenir toxiques[1] : de même que le corps génère des toxines qu'il est la plupart du temps capable d'éliminer naturellement mais qui peuvent le rendre malade lorsqu'il n'y parvient plus, l'organisation génère des émotions qui, si elles ne sont pas évacuées, affectent réellement son fonctionnement. Elles deviennent alors toxiques, elles absorbent l'énergie des individus et, éventuellement, de l'ensemble du système, les détournant de leurs tâches essentielles. Au lieu de se consacrer à des actions constructives, les individus passent du temps à lutter contre les effets délétères de ces émotions ou, pire, finissent par les amplifier. Ils deviennent incapables de traiter correctement les problèmes qui se posent. Laisser les émotions devenir toxiques peut avoir un retentissement sur le turnover, l'absentéisme, la santé, la créativité et la performance des équipes.

---

1. Frost (2003).

L'envie est une bonne candidate à la toxicité. Ce n'est d'ailleurs pas un hasard si elle est souvent décrite comme un « poison », un « venin » qui se diffuse de façon progressive et inéluctable et peut avoir des conséquences extrêmes. Si cette émotion désagréable et douloureuse est susceptible de devenir toxique, c'est qu'elle est souvent cachée. La plupart des émotions, telles que la colère ou la tristesse, sont visibles et peuvent être exprimées par les individus. Elles sont donc plus faciles à repérer, ce qui constitue une condition indispensable à leur prise en compte et à leur traitement. L'envie, au contraire, comme je l'ai déjà soulevé, est honteuse, taboue, cachée, elle reste parfois inconsciente et, quand elle se manifeste, c'est sous une forme détournée. Elle s'exprimera, par exemple, par une agression à l'égard de l'autre, sans pour autant qu'on puisse dire avec certitude que cette agression est provoquée par de l'envie. Sa présence sournoise et dissimulée contribue fortement à sa toxicité : elle est difficile à repérer au premier abord et, telle un champignon poussant à l'ombre lentement mais sûrement, elle a d'autant plus de chances de se développer qu'elle n'est pas identifiée.

Typologie des occasions d'envier

C'est pourquoi il importe de faire très attention à certains moments ou événements de la vie au travail, lors desquels l'envie peut survenir, bien que l'organisation et ses systèmes de management n'aient pas en soi un caractère pathologique. Certaines occasions peuvent provoquer l'envie : les connaître et savoir qu'elles peuvent avoir un tel impact permet de les gérer différemment. L'enjeu n'est pas de l'éradiquer, car, je l'ai déjà souligné, il s'agit d'une émotion quasiment inévitable dans tout contexte social, notamment en entreprise. Il est plutôt d'éviter que certaines occasions ne la conduisent à prendre des proportions trop vastes, qui la rendraient réellement toxique et dangereuse pour une partie ou la totalité du système.

Dans la plupart des organisations, on trouve des « traiteurs de toxines »[1] : agissant, souvent sans s'en rendre compte, comme des théra-

---

1. Frost (2003) utilise le terme de « *toxin handler* ».

peutes, ils contribuent à éliminer les toxines. Ils repèrent, neutralisent et contribuent à traiter les situations potentiellement toxiques afin que l'attention et les efforts de leurs collègues puissent à nouveau se diriger vers des fins constructives. Les managers ont une responsabilité de premier plan dans ce processus : il leur incombe de veiller à ce que leurs décisions et leurs actions ne produisent pas d'émotions durablement toxiques, qui ne pourraient plus être éliminées par le système et risqueraient de l'empoisonner. En ce qui concerne l'envie, il est essentiel qu'ils soient conscients des situations, occasions et actes de management susceptibles de stimuler cette émotion.

L'étude des cas d'envie décrits par ceux qui s'y sont intéressés ainsi que mes propres investigations dans des organisations très différentes (université, entreprises de distribution, d'intérim ou de conseil, agence régionale d'une structure parapublique, hôpital, etc.) me conduisent à regrouper ces occasions autour de deux axes :

● lorsque la place respective des uns et des autres se joue ou se rejoue : lors des changements organisationnels, par exemple, ou autour d'actes de gestion des ressources humaines plus courants liés au recrutement ou à la gestion de carrière ;

● lorsque les relations de dépendance existant entre les personnes d'une équipe, d'un service ou d'une organisation sont manifestes et exacerbées : pendant les périodes de choix d'affectation budgétaire ou lorsque les compétences de l'un sont indispensables à l'autre et réveillent alors une fragilité.

Je présente ces deux axes dans les deux parties ci-dessous.

Quand les places respectives changent

Je l'ai développé au chapitre 4 : la question de la place est fondamentale dans la problématique de l'envie. L'envieux est fasciné par l'autre, par la place que celui-ci occupe et qui lui paraît enviable, en tout cas plus enviable que la sienne. L'envie surgit lorsque la personne est conduite à s'imaginer pouvoir ou devoir être à la place de l'autre, mais qu'il ne l'est pas. Si la place de l'autre est enviable, c'est parce qu'elle lui donne accès à quelque chose que l'on n'a pas : dans l'organisation, il s'agira de pouvoirs particuliers, de rétributions supérieures, d'un meilleur statut. C'est aussi parce qu'elle matérialise le fait que l'autre ait été distingué par le système : s'il occupe cette place et s'il jouit de tel ou tel « en-plus », c'est parce qu'à un moment, il a été choisi pour occuper cette place. Il a capté l'attention et continue de la capter, tandis que l'envieux peut se sentir dépossédé et avoir l'impression qu'il n'est pas pris en compte par le système.

Cette problématique de la place renvoie à un processus archaïque dans notre phase de développement : la phase du miroir, moment où l'enfant s'identifie à « l'autre du miroir », à condition que « l'Autre » (en l'occurrence, souvent la mère) le reconnaisse et l'assure de ce que c'est bien lui qui se trouve là, dans cette image. Dans l'envie, l'envieux se trouve à nouveau pris dans cette configuration triangulaire, où il y a, d'une part, celui qui est mis en miroir, le modèle, l'exemple, qui est fantasmatiquement complet ; d'autre part, l'Autre dont il s'agit de capter le regard. En contexte de travail, l'Autre peut être incarné par l'entreprise ou par un manager : l'Autre a des « attentes » et tend à juger, à évaluer, à renvoyer à l'individu à quelle place il est par rapport aux autres. Dans cette configuration, les places de chacun sont bien précises et les relations imaginaires qui relient ces places le sont aussi.

Dans les chapitres 4 et 5, j'ai montré comment certains systèmes favorisent les relations triangulaires de ce type et contribuent ainsi à développer l'envie comme une composante intégrée à leur mode de fonctionnement.

Dans le cas de l'entreprise Punchy, par exemple, la structure du magasin est très simple : il est composé d'une direction réduite à deux personnes, puis d'une équipe de vendeurs dans laquelle chacun est invité à prendre la place de chacun. Les barrières entre les rayons n'existent plus et le classement qui est réalisé et affiché chaque jour par le directeur montre qu'il n'y a pas de durabilité dans la place occupée par chacun. On peut être premier un jour et dernier le lendemain, et vice-versa. Cette instabilité permanente renforce l'idée que chacun peut prendre la place de chacun : l'interchangeabilité met tous les salariés au même plan. Chacun est un miroir potentiel de l'autre, tandis que la direction joue le rôle de « l'Autre » dont il s'agit de capter l'attention et le regard. Il y a là une multitude de relations triangulaires : entre chaque vendeur, chacun de ses « quasi semblables » et le directeur.

Dans le cas Supdeco, le changement d'organisation a conduit à ce que les « nouveaux » prennent la place des « anciens », que ce soit par les fonctions occupées ou par les bureaux. Là encore, la place de chacun se fait au sein d'une relation triangulaire impliquant le directeur, les « nouveaux » et les « anciens ».

Dans ces deux cas, le système joue explicitement et en permanence sur les places, ce qui contribue à produire de l'envie.

Ce qui nous intéresse maintenant est de relever les occasions où, dans la vie d'une organisation, les places se jouent ou se rejouent au sein d'une configuration triangulaire, sans cependant que le système de management soit malsain ou pathologique.

Changement organisationnel et réorganisation des places

La plupart des organisations (entreprise, hôpital, université, armée, etc.) connaissent régulièrement des phases de changement, au cours desquelles leur structure, leurs processus et leurs modes de fonctionnement évoluent plus ou moins radicalement. De telles évolutions sont souvent inévitables et nécessaires. Certains considèrent d'ailleurs que le rôle essentiel des leaders est de préparer leur organisation à changer[1].

Cependant, de nombreux changements donnent des résultats décevants par rapport à ce qui était attendu, il n'est pas rare que certains aboutissent à des fiascos. Très souvent, c'est moins la finalité du changement en lui-même qui est en cause que le processus par lequel ce changement est conduit.

© Groupe Eyrolles

---

1. Kotter (1990).

Changement et émotions

Dans ce qui fait obstacle, il est de plus en plus reconnu que les freins et les résistances au changement sont souvent liés aux émotions soulevées par le fait même de changer[1]. La transformation des organisations ne peut être considérée comme un processus rationnel et logique : de nombreuses personnes sont impliquées dans ce processus et elles réagissent avec leur affect et leur psychisme. Tout changement organisationnel déclenche donc de puissantes émotions, souvent négatives[2].

Tout d'abord, l'annonce d'un changement fait naître de fortes incertitudes sur son propre avenir. Elle engendre de l'instabilité et peut réveiller un sentiment d'insécurité quant à son parcours professionnel. Quelles seront mes futures conditions de travail ? Vais-je être traité de manière juste par l'organisation ? Tiendra-t-on compte de mon investissement passé ? D'autre part, tout changement, même « positif » ou « logique », implique une perte. Il faut se détacher de l'ancienne organisation, de la place que l'on occupait dans la structure, des habitudes prises, souvent de collègues avec qui l'on avait développé des liens. Il y a toujours un deuil du passé à faire. Plus généralement, de nombreuses personnes vivent le changement comme une profonde modification du contrat qui les lie, souvent de manière implicite et psychologique, à leur organisation. Il apparaît donc évident que les résistances au changement ne peuvent être surmontées qu'en reconnaissant et en prenant en compte les sentiments et les émotions des individus concernés.

Parmi toutes ces émotions, il en est une particulièrement susceptible de surgir lors des phases de réorganisation et de changement : vous l'aurez deviné, il s'agit de l'envie.

Aurai-je une place moi aussi ?

Parmi toutes les questions que se pose un salarié, celles liées à sa propre place sont essentielles : vais-je avoir une place dans la future

---

1. Kotter et Cohen (2002).
2. Kiefer (2005).

structure ? Si oui, où ? Où seront les autres ? Une réorganisation fait surgir avec force les composantes de la relation triangulaire.

Le salarié qui se sait concerné par un changement de place est dans un lien de dépendance très fort avec un « grand Autre » – l'organisation, ses dirigeants ou ceux qui décident et gèrent le changement – dont il attend le verdict. Dans la plupart des cas, il ne lui appartient pas de décider lui-même où il se trouvera et ce qu'il fera dans la nouvelle structure. Il se sent dépendre du bon vouloir de ceux qui prennent les décisions et peuvent être vécus comme tout-puissants. Cette situation le met dans une posture de dépendance assez infantile et porte atteinte à son sentiment d'autonomie.

Quant à la figure de l'autre, mis en miroir, elle est réactivée : l'individu ne peut ignorer que sa propre place n'est pas assurée et qu'il est susceptible d'être comparé à d'autres personnes ayant un profil proche du sien. Il pourra être choisi ou écarté. Il peut perdre par rapport à ce qu'il avait auparavant, mais également par rapport à un autre. Cette réactivation d'une relation triangulaire (soi, l'autre et l'Autre) a de fortes probabilités de contribuer à l'émergence de l'envie.

Peur de ne pas être à la hauteur

La situation de fragilité du salarié en contexte de changement augmente ce risque. En effet, tout changement demande de nouvelles compétences, ce qui fait naître chez beaucoup une appréhension : serai-je capable d'évoluer ? Serai-je à la hauteur de la nouvelle situation ? Saurai-je m'adapter ? Ce questionnement favorise l'émergence de doutes sur soi-même et la prise de conscience de ses limites. Il peut réveiller un sentiment d'infériorité vis-à-vis d'autres personnes à qui l'on sera comparé. Or, l'envie est fortement associée à un sentiment d'infériorité, à la difficulté d'accepter ses propres limites et à une certaine fragilité dans le regard que l'on porte sur soi-même. Il est donc d'autant plus probable que la perspective d'un changement organisationnel contribue au développement d'une émotion comme l'envie.

C'est d'ailleurs en accompagnant des réorganisations en entreprise qu'il m'est apparu que seule l'hypothèse de l'envie permettait de comprendre certaines réactions que j'observais. Parmi les questions les plus entendues lorsque des changements sont annoncés, on trouve : que vais-je devenir ? Et un tel, où sera-t-il ? Sur quelles bases les individus seront-ils choisis ? Pourquoi un tel prendrait-il telle fonction ? La plupart des personnes imaginent spontanément qu'elles vont perdre quelque chose au changement et, quand on creuse cet aspect, on se rend compte qu'elles imaginent surtout qu'elles-mêmes vont perdre tandis que d'autres (« les actionnaires », « les dirigeants », « un tel ») vont gagner. Les appréhensions sont d'abord liées à la peur de perdre sa place et de ne plus avoir de place, ce qui signifie toujours plus ou moins implicitement qu'un autre aura sa place. Cette crainte renvoie à une peur archaïque (au sens où elle prend racine dans une partie très infantile de nous-même) : il s'agit, fantasmatiquement, de ne plus exister dans le regard de la mère, qui le porte sur un autre, qui va alors être envié. C'est pourquoi, lors d'un changement, la problématique de la place respective et des pertes associées peut faire surgir cette émotion très puissante, et pourtant refoulée, qu'est l'envie. Lorsque les individus sont rassurés quant à la place qu'ils occuperont, ils sont alors susceptibles de coopérer à un changement ou de l'envisager avec une certaine sérénité.

Cas 18 – Fusion TotalFina/Elf et règle de parité

En 2000, lorsque l'entreprise pétrolière TotalFina a intégré, suite à une OPE, sa concurrente Elf[1], l'équipe dirigeante a décidé de fusionner les deux structures. Une règle explicite utilisée pour créer la nouvelle structure était de respecter la règle dite « de parité » : chaque équipe nouvellement créée devait comporter autant d'ex-salariés de TotalFina que d'ex-salariés d'Elf. Les responsabilités devaient être également strictement réparties et les postes de managers devaient revenir autant aux uns qu'aux autres.

Le recours à cette règle a été justifié par la direction comme permettant une répartition « juste » des postes et des responsabilités, afin de lever les craintes, notamment des salariés d'Elf qui pouvaient avoir peur de perdre beaucoup lors de cette réorganisation.

---

1. Données personnelles.

Le fait d'utiliser la règle de parité (ce que je n'ai jamais vu aussi explicitement dans une autre réorganisation), revient implicitement à reconnaître que l'envie puisse être à l'origine de fortes résistances au changement. Il s'agissait donc d'enrayer le déclenchement d'une telle émotion, en fixant d'emblée un cadre susceptible de la limiter.

Trop souvent, les résistances au changement sont interprétées comme liées surtout à la peur de perdre du pouvoir. Cette hypothèse cerne assez mal ce qui se joue subjectivement pour la personne lors d'une réorganisation. Alors que l'idée de pouvoir suppose un individu qui ne penserait qu'à étendre son influence, l'hypothèse de l'envie introduit toujours une relativité et la question de l'autre : la comparaison à l'autre, plutôt que la comparaison à soi-même, prend le pas. Ce n'est pas perdre du pouvoir en soi qui serait primordial, mais plutôt perdre quelque chose comparativement à un autre vécu fantasmatiquement comme « complet », non touché par la perte.

Place de l'autre dans le recrutement et le tutorat

Un recrutement n'est jamais anodin : introduire une nouvelle personne au sein d'une équipe comporte toujours le risque de modifier les équilibres établis entre les membres du groupe. La phase qui suit un recrutement est un moment délicat qui peut correspondre à la survenue ou à l'exacerbation de l'envie dans une équipe.

Recruter deux stagiaires trop proches

Dans le cas de Fanny et de Cécilia (cas 5), en stage d'alternance pendant un an dans une centrale d'achat, Fanny a déjà commencé son stage, quand Cécilia est recrutée à son tour. Son arrivée va déclencher chez Fanny une forte envie, source d'hostilité à l'égard de Cécilia, mais également d'un repli sur soi et d'une crainte paralysante d'échouer. Les caractéristiques psychiques de Fanny elle-même contribuent au développement de l'envie.

Cependant, la situation y participe également, et c'est ce qui nous intéresse ici. L'envie surgit à partir du moment où Cécilia est recrutée. Celle-ci va, par ses propres caractéristiques et par la place qui lui est attribuée, pouvoir être mise en miroir de Fanny. En effet, Cécilia est très semblable à Fanny : même sexe, même âge, même formation. Elle occupe un poste similaire, dans le même département (mais un rayon différent). Les deux stagiaires sont invitées à travailler ensemble, leurs missions sont identiques. Le contexte organisationnel a donc joué un rôle qui n'est pas anodin dans le déclenchement de l'envie de Fanny : en recrutant deux personnes aussi proches, appelées à travailler en vis-à-vis et fatalement à être comparées l'une à l'autre. Pour Fanny, l'arrivée de Cécilia est une surprise, alors que Cécilia, en postulant à ce stage, n'ignore pas que sa camarade occupe déjà un poste dans la structure et le fait donc en connaissance de cause. L'envie n'apparaît pas chez Cécilia, ce qui montre que le contexte à lui seul ne suffit pas. Mais il rend cependant possible l'émergence de cette émotion, lorsque la structure psychique d'une personne la favorise.

L'envie de Fanny s'atténue très fortement lorsque les deux étudiantes sont séparées du fait de la réorganisation du service : d'un côté le sport, où travaille Cécilia, de l'autre le jardin, où se trouve Fanny. Voici ce qu'écrit celle-ci pour décrire son évolution : « *Grâce au déménagement, je me suis retrouvée en plein cœur du pôle jardin, auprès des assistantes et des acheteurs [...]. C'est à partir de ce moment-là que ma réelle intégration a pu se concrétiser et que j'ai commencé à m'affirmer. Ce déménagement m'a permis de me "reconstruire" en quelque sorte. Cette période coïncide avec celle de l'amélioration de ma relation avec Cécilia. Le fait de ne plus être proche d'elle géographiquement a renforcé ma prise de recul et mon besoin d'affirmation.* » Le contexte joue cette fois en sens inverse : il favorise la prise de distance entre les deux personnes, contribue à les séparer et limite l'effet miroir vécu jusqu'alors par Fanny lorsqu'elle travaillait avec Cécilia. C'est à partir de ce moment-là que l'envie de Fanny va quasiment cesser.

Qui prendra la place du chef ?

Le cas suivant se déroule dans le service de gestion des ressources humaines d'une entreprise de cent cinquante personnes.

Cas 19 – Face-à-face qui tourne mal[1]

Ce service se compose de huit personnes sous la direction d'une responsable. Sur ces huit personnes, sept sont des « anciennes » : il s'agit de femmes, agents de maîtrise, peu diplômées, âgées de plus de quarante ans et présentes depuis au moins dix ans dans le service. La huitième personne, Frédéric, est un homme, avec un profil très différent : il est âgé de vingt-six ans et a une maîtrise de gestion. Il est dans ce service depuis deux ans et avait occupé un poste comme recruteur dans un cabinet de consultants, avant de rejoindre cette entreprise. Il a été recruté comme cadre. La responsable du service, Caroline, cadre également, est âgée de trente-sept ans.

Les relations au sein du service sont correctes, jusqu'au jour où Caroline part en congé maternité, puis en congé parental. Une personne est recrutée pour aider l'équipe, mais non pour la remplacer. La direction est temporairement assumée par le directeur administratif et financier, supérieur hiérarchique de Caroline, qui se trouve à un autre étage et, de fait, ne manage pas l'équipe. Son rôle effectif est de signer ce qui ne peut l'être directement par un membre du service.

La nouvelle recrue, Isabelle, est âgée de vingt-quatre ans, diplômée d'une école de commerce et spécialisée en gestion des ressources humaines. Elle a travaillé un an dans une entreprise de travail temporaire. Elle a été recrutée comme cadre. Quelques semaines après son arrivée, les relations entre Isabelle et Frédéric sont très tendues, ce qui aboutit à une grande perte d'efficacité au sein du service : les décisions de l'un et de l'autre sont contradictoires, la collaboration entre les deux est impossible, chacun essaie de s'accaparer le reste de l'équipe.

Au bout de quelques mois, la dégradation des relations et de l'ambiance de travail est telle que plusieurs personnes demandent à être mutées dans d'autres services. Alerté, le directeur administratif et financier décide de faire intervenir un consultant pour résoudre le conflit.

Des entretiens avec tous les membres de l'équipe font bien apparaître que le point de départ de ce conflit réside dans la relation entre Isabelle et Frédéric. Une analyse plus poussée avec chacun d'entre eux montre que Frédéric a très mal vécu l'arrivée de sa collègue. En effet,

---

1. Données personnelles.

il considère que celle-ci est très proche de lui en termes de caractéristiques professionnelles, alors qu'il était jusqu'alors le seul du service à avoir ce profil. La formation d'Isabelle, spécialisée en gestion des ressources humaines alors que lui-même a une formation plus générale, semble avoir réveillé chez lui une certaine angoisse relative à ses capacités. Quant à Isabelle, elle a bien vite perçu l'animosité de Frédéric à son égard, ce qui l'a stimulée à entrer en rivalité avec lui.

De plus, la soudaine carence du pouvoir et la relative ambiguïté de leur rôle respectif a conduit chacun à se mettre en position d'éventuel manager du service. Mis en miroir l'un de l'autre, ils se sont engouffrés dans ce que René Girard appelle la « spirale de la double *mimésis* » : l'envie de prendre la place du chef, à partir du moment où elle apparaît clairement désirable à l'un, l'est également pour l'autre, ce qui a renforcé alors l'attrait de cette place pour les deux. Chacun contribue à l'émergence de l'autre en temps que rival.

La solution préconisée dans ce cas, après avoir mis à jour ce qui s'est joué pour chacun, a consisté à séparer les deux protagonistes, en définissant très précisément les fonctions d'Isabelle pour qu'elle puisse travailler de manière autonome. Elle est en charge exclusivement du recrutement, tandis que Frédéric s'occupe de la formation et de la gestion de carrière. Quant à la fonction de manager d'équipe, elle est assurée par une personne en contrat temporaire recrutée à cette fin explicite. Son profil est différent de celui d'Isabelle et de Frédéric : plus âgée, elle a déjà une solide expérience d'animation d'équipe.

Dans ce cas, le contexte a contribué à l'émergence de l'envie et de la rivalité, en mettant en miroir deux personnes ayant un profil très proche, conduites à travailler ensemble, sous le regard permanent de l'autre. L'absence de manager et de régulation externe a renforcé l'enfermement du couple, pris dans la spirale de l'envie.

Dans les deux cas décrits ci-dessus, la personne recrutée, du fait d'un profil trop proche avec un autre membre de l'équipe et d'un contexte favorisant la mise en miroir de l'un par rapport à l'autre, vient activer un sentiment d'envie.

Recruteur envieux

Un autre cas s'observe assez fréquemment en entreprise : on peut constater des craintes émanant de personnes plus âgées, qui appréhendent et même refusent de recruter des personnes plus jeunes et mieux formées par peur que celles-ci leur prennent leur place ou mettent en évidence leurs limites. Faut-il y voir de l'envie ? La réponse est assez complexe. Cependant, nous pouvons faire l'hypothèse que l'envie soit une cause possible à de telles réactions : la jeunesse ou la formation et les talents de l'autre peuvent venir toucher chez le recruteur ses propres manques et limites, qu'il essaie la plupart du temps de refouler. Voici que l'autre, parce qu'il est plus jeune ou mieux formé, fait resurgir en miroir une caractéristique de soi insupportable pour la personne, une caractéristique qu'elle préférerait oublier. Une personne satisfaite de son propre déroulé de carrière, qui ne ressent pas de frustration cachée, qui a l'impression d'avoir encore un potentiel de développement devant elle et qui a accepté ses propres limites, ne se sentira sans doute pas envieuse d'une personne plus jeune, douée de talent. Mais si ce n'est pas le cas, l'autre peut, parce qu'il apparaît illusoirement comme complet, non encore confronté à ses propres limites, réveiller de l'envie. Sa seule présence peut raviver la douleur de certains échecs et le désir que l'autre aussi ait à en vivre.

La position du recruteur envieux pourra alors être de profiter de sa position pour être celui qui vient mettre des limites au candidat envié, l'empêchant d'obtenir ce qu'il convoite. Étrangement, cette dimension du recrutement n'est jamais évoquée. Le recruteur est considéré comme quelqu'un capable de se distancier par rapport à celui qu'il reçoit, n'ayant pas besoin de se comparer à l'autre, ou, si c'est le cas, pour l'évaluer avec plus d'indulgence parce qu'il lui ressemble. Tenir compte de l'envie conduit à une tout autre position : plus l'autre est « comparable » et comparé à soi, plus il peut faire surgir chez le recruteur la conscience de ses propres limites et de ses regrets. Dans ce cas, l'envie peut se réveiller chez lui et le conduire à ne pas donner sa chance à celui qui est en face de lui. Être en position de recruter suppose une capacité à être bienveillant vis-à-vis de l'autre, à souhaiter qu'il puisse épanouir ses talents dans un contexte propice, ce qui passe nécessairement par un travail sur ses propres limites, sur ses échecs et sur ses manques.

Cette posture est également fondamentale dans le cas du tutorat : pour pouvoir accompagner quelqu'un dans son développement professionnel et jouer auprès de lui un rôle de tuteur, encore faut-il être en mesure de ne pas vivre comme potentiellement menaçant ce développement. Il importe alors que la question de se comparer à l'autre ne se pose pas/plus afin de pouvoir adopter une posture « soutenante » et bienveillante à son égard.

Gestion de carrière et places respectives

Les pratiques de gestion de carrière, notamment ce qui se joue autour des promotions, donnent d'autres occasions de modifier les places respectives et de déclencher de l'envie entre salariés. J'en ai déjà montré quelques exemples.

Ainsi, le professeur qui apprend que son collègue a obtenu un poste dans une université plus prestigieuse ressent de l'envie. Dans la banque hongkongaise, la période d'attribution des promotions, qui a lieu tous les deux ans, est l'occasion de faire naître de l'envie chez certains individus qui ne sont pas promus. Enfin, dans le cas de Noémie, ce n'est pas un hasard si elle situe le début de son processus d'effondrement au moment où son collègue, dont elle se sentait jusqu'alors l'égale, est promu à un poste de responsable d'équipe alors qu'elle-même n'évolue pas. Elle ressent alors une envie terrible et destructrice, notamment pour elle-même.

Des réactions différentes à l'envie

Dans ces trois cas, l'envie surgit au moment où la promotion de l'un et non de l'autre, introduit un écart entre deux personnes comparables, modifiant les places respectives. Celui qui, par sa promotion, change de place, est soudain décalé. Il n'est plus en miroir, mais à une place qui introduit un abyme entre les deux personnes. Celui qui n'est pas promu peut se sentir brutalement renvoyé à ses propres limites, à son incomplétude.

Dans ces trois exemples, cependant, les réactions associées à l'envie sont variées :

- dans le premier, le professeur réussit à surmonter son envie en prenant du recul par rapport à son ami ;
- dans le deuxième, les personnes non promues qui se sentent envieuses vont chercher à améliorer leur performance pour décrocher une promotion la fois suivante ;
- enfin, Noémie, dont l'envie s'inscrit dans un processus pathologique, s'effondre totalement.

Un contexte qui freine ou amplifie l'envie

L'envie associée à la promotion d'un autre peut, dans certains cas, être si forte que l'envieux va tout faire pour empêcher une telle promotion. Ainsi, dans cette université néo-zélandaise où il s'agit de titulariser ou non une professeure assistante, quelques membres influents de la commission qui prend cette décision sont particulièrement envieux des qualités de cette femme. Cependant, ils vont masquer leur envie et laisser croire à une décision « objective » lorsqu'ils choisissent de ne pas la titulariser.

Dans une recherche expérimentale, les personnes envieuses faisaient des choix défavorisant ceux qu'ils enviaient, lorsqu'il n'apparaissait pas qu'ils étaient à l'origine de ces choix. Au contraire, si leur choix pouvait être rendu public, ils avaient tendance à être plus favorables aux personnes qu'ils enviaient que ceux qui n'étaient pas envieux, ce qui pourrait être interprété comme une défense sociale pour ne pas que leur envie soit perceptible[1].

Dans le cas de la commission d'évaluation, les personnes envieuses cherchent à laisser croire que le processus de décision a respecté les règles de décision habituelles. L'équivocité des critères de décision permet, en jouant sur leur interprétation et sur leur poids respectif, de parvenir à une décision parfaitement injuste, mais néanmoins

© Groupe Eyrolles

---

1. Smith (1991).

« justifiable » par la commission. L'agression et l'hostilité engendrées par l'envie sont donc ici masquées par un processus qui sauvegarde des apparences d'objectivité et ne permet pas d'isoler le rôle joué par les personnes envieuses, dans la mesure où la décision émane du groupe.

Cet exemple attire l'attention sur un contexte qui permet à l'envie de se déployer : alors que dans le cas de la banque hongkongaise, l'envieux ne peut agir sur la décision de promouvoir telle ou telle personne, les procédures de décision en matière de promotion dans le cas de cette université laissent une grande marge de manœuvre aux personnes envieuses. Celles-ci réussissent à empêcher la promotion de leur collègue.

Dangers de la gestion de carrière « par les pairs »

Ce cas nous alerte sur les dispositifs d'évaluation et de gestion de carrière par les « pairs » : ces pratiques sont courantes dans certains contextes professionnels (les milieux universitaires en étant probablement l'exemple le plus extrême) et reposent sur le postulat que seuls les « pairs » sont en mesure d'évaluer la qualité du travail réalisé par un de leurs collègues et de juger de sa capacité à évoluer. Les sociologues ont bien mis en évidence les marchandages, les jeux d'influence et les aspects politiques susceptibles d'intervenir dans de tels processus[1]. Là encore, comme dans l'analyse des résistances au changement, mettre trop l'accent sur la dimension du pouvoir, conduit à occulter d'autres aspects plus psychologiques et reliés aux émotions et aux fragilités personnelles des personnes impliquées dans ces processus. Au plan psychologique en effet, il n'est pas anodin d'évaluer un « pair ». L'envie, notamment, est susceptible d'être une émotion présente chez ceux qui prennent des décisions relatives à la carrière de leurs collègues ; le cas exposé ci-dessus en est un exemple certainement typique. Il ne faut pas perdre de vue le fait que l'envie se déploie avant tout entre personnes qui se sentent comparables.

---

1. Bourdieu (1984).

Une dépendance difficile à supporter

Chez l'envieux, l'envie s'appuie fantasmatiquement sur l'idée que ce qu'a l'autre, c'est à soi que cela devrait revenir. L'envieux se sent privé à la vue de ce dont jouit celui qu'il envie et la vue de cette jouissance supposée lui est insupportable. L'envie s'accompagne souvent d'un sentiment de frustration intense.

Dans ce processus, l'envieux se sent relié à l'envié par un fil invisible : ce qu'a l'un se ferait au détriment de l'autre, il n'y aurait qu'un objet susceptible de satisfaire l'envieux et c'est l'autre qui l'a. D'où le désir de s'approprier cet objet-là ou de voir l'autre en être privé. Comme le montre René Girard, ce n'est pas la « rareté » en soi de ce que l'autre détient qui le rend désirable et conduit la personne à envier : la relation entre l'envieux et l'envié préexiste à l'objet ; le fait que l'autre, avec qui l'on est en relation, le détienne ou le désire rend l'objet désirable et forcément rare puisqu'il est à l'autre. Sous-jacente à l'envie, il y a une relation initiale de dépendance forte de l'envieux à l'égard de l'envié.

La psychanalyste Mélanie Klein fait d'ailleurs remonter la matrice de l'envie au moment où le nourrisson dépend totalement de sa mère pour sa survie, lorsqu'il ne se sent pas encore séparé d'elle[1]. D'après elle, le sein maternel pourrait, à certains moments, être ressenti comme le sein qui prive, qui garde pour son propre compte le lait, l'amour et les soins associés au bon sein, qui s'empare à son propre profit de la gratification dont l'enfant, lui, se sent privé. Celui-ci se mettrait alors à haïr et à envier ce sein parcimonieux, qu'il serait même fantasmatiquement prêt à détruire pour éviter qu'un autre ne le possède et n'en jouisse. Dans cette envie « *primitive* », la volonté de destruction serait très forte, au point de menacer sa propre survie, puisque le nourrisson serait fantasmatiquement prêt à détruire le sein dont dépend sa vie. Ce n'est pas l'autopréservation qui est ici recherchée, mais d'abord la destruction de ce qui est à la fois l'envié et l'objet d'envie (c'est en effet le sein qui est envié pour ce qu'il est et non pour

---

1. Klein (1968).

ce qu'il a). Dans cette description, la relation initiale de dépendance de l'envieux à l'égard de l'envié, très forte, apparaît même être une condition essentielle à l'émergence de l'envie.

Dans les organisations, l'envie peut justement se manifester à des moments où les relations de dépendance entre plusieurs personnes (ou services) prennent un relief particulier.

Dépendre des mêmes ressources

Ainsi, les moments où les ressources organisationnelles sont distribuées et réparties favorisent le développement de cette émotion. Le terme de ressources est assez large. Dans le contexte d'une organisation, il peut s'agir de ressources financières (budget à répartir), de ressources liées à l'activité (clients, informations, emplois ou moyens), de ressources symboliques (titres et distinctions). Toute distribution de ressources peut faire naître l'envie, en réveillant un sentiment de frustration.

Détruire le sein nourricier

En introduction à ce livre, j'ai évoqué l'exemple de la structure de conseil créée par quatre amis. Tant que les activités concernent l'ensemble du groupe (élaborer le positionnement du cabinet, définir sa stratégie de communication, trouver un mode juridique, déterminer son nom, etc.), il n'y a pas de tensions dans l'équipe. Les difficultés apparaissent lorsque les contrats arrivent. Les membres ont des compétences différentes, dans des domaines complémentaires et le partage se fait sur cette base, en fonction de l'adéquation entre la demande et les compétences de chacun. Mais il semble que ce mode de fonctionnement éveille chez Pierre une grande frustration qui le conduit à ressentir de l'envie : il considère les contrats comme des ressources dont il veut être sûr qu'aucun n'aura plus que lui. Fantasmatiquement, il craint que les autres ne s'accaparent le « meilleur ». Cette crainte ne correspond pas à la réalité de la situation, mais c'est ainsi qu'elle est vécue par Pierre. Il est probable que son histoire personnelle l'ait conduit à de telles réactions.

© Groupe Eyrolles

Ce qui est intéressant pour notre propos, c'est de remarquer que l'envie s'éveille chez lui au moment de la distribution et du partage des ressources, et celles-ci sont plutôt abondantes. Pierre préfère cependant dissoudre la structure plutôt que de continuer dans ces conditions. Si l'on interprète sa réaction à la lumière de la théorie développée par Mélanie Klein, il préfère détruire le sein dont il dépend, parce qu'il est vécu comme particulièrement frustrant, afin d'être sûr qu'il ne puisse alimenter autrui.

Partager des ressources qui se raréfient

Le cas précédent montre à quel point l'envie peut se situer à un niveau imaginaire, puisque, dans cet exemple, les ressources ne manquent pas. Cependant, cette représentation peut être soutenue par une réalité dans laquelle il faut réellement se partager des ressources rares ou en diminution. Une telle réalité semble alimenter le fantasme selon lequel ce qu'obtient l'un est forcément pris à un autre : ce que je n'ai pas, c'est parce qu'un autre en jouit. Plus les ressources semblent rares, plus l'interdépendance entre les individus (services ou équipes) apparaît : on ne peut ignorer que d'autres attendent également l'attribution de ces ressources. L'envie aurait donc toutes les chances d'augmenter dans un contexte où les ressources sont très limitées ou diminuent.

Un exemple, certes extrême, nous est donné par Anne-Lise Stern[1], ancienne déportée des camps de concentration allemands.

Cas 20 – Tuer pour un quignon de pain

Anne-Lise Stern, ancienne déportée des camps de concentration allemands, raconte sa terrible expérience. Il semble que la plus dure des souffrances à endurer ait été pour elle – mais cela est confirmé par d'autres témoignages d'anciens déportés comme Primo Levi ou Jorge Semprun – la faim, lancinante et permanente.

_____
1. Stern (2004).

> Taraudée par cette souffrance, elle décrit bien l'envie qui en résulte dans son rapport aux autres déportées : c'est ainsi qu'elle se sent prête à anéantir, à tuer une femme qui a un quignon de pain, ressource qu'elle souhaiterait à tout prix détenir elle aussi.

Il s'agit bien ici de cette envie primitive dont parle Mélanie Klein chez le nourrisson, en rapport avec le sein maternel qui dispense, ou non, nourriture et soin. Les conditions extrêmes du camp et les terribles privations subies font revenir la déportée à ces sensations très anciennes et primitives, en lien avec la survie, sur lesquelles l'envie peut se développer.

J'ai précédemment évoqué le cas où, au sein d'une université, les services de restauration et d'entretien décident de ne pas coopérer avec le service de formation, parce que celui-ci n'est pas visé par une décision de sous-traitance de certaines activités, ce qui suscite l'envie des services concernés. Il serait intéressant de savoir comment cette décision a été justifiée. En effet, ma propre expérience en matière de réorganisation m'a montré que l'envie a d'autant plus de chance de se produire que les décisions de supprimer certains postes, fonctions ou services sont justifiées par la volonté de sauver ou de développer d'autres parties de l'organisation : un tel discours vient en effet soutenir la représentation que ce qu'ont les uns est pris aux autres.

Plus généralement, il est possible de repérer dans chaque organisation des occasions qui correspondent à une répartition de ressources et sont susceptibles de générer de l'envie : les moments d'affectation budgétaire dans la plupart des structures ; lorsque, à l'université, les postes donnés par le ministère sont répartis entre les composantes ; quand des ressources symboliques telles que les bureaux sont allouées, etc.

Dépendre des compétences d'autrui

Il arrive, dans certains cas, que l'on dépende fortement, dans une situation de travail, des compétences d'une autre personne, compétences que l'on ne détient pas soi-même. Fantasmatiquement, cette configuration se rapproche beaucoup de la situation « d'envie primitive » décrite par Mélanie Klein.

Je vais ci-dessous développer un exemple qui illustre bien ce type de problématique d'envie au travail[1].

Cas 21 – La tutrice enragée

Karine Del, étudiante en maîtrise de gestion à l'université, a jusqu'à présent été considérée comme une étudiante sérieuse, obtenant de bonnes notes, suivant régulièrement les cours, et a été bien évaluée dans ses précédents stages.

En fin d'année de maîtrise, elle réalise son stage d'application au sein de l'entreprise Tracta, au service communication externe dirigé par Anne Rial. La mission qui a été définie en entretien de recrutement est de participer à une étude portant sur l'évaluation de l'impact d'une lettre d'information de Tracta destinée à ses clients et partenaires. C'est la première fois que Madame Rial pilote une étude.

Cette étude comporte plusieurs phases (un pré-test et deux enquêtes par entretiens semi-directifs). Les réponses sont codées et analysées à l'aide du logiciel d'analyse de données SPSS, que Karine Del avait eu le droit d'utiliser dans ses cours de méthodologie d'enquête, dispensés à l'université qui en détient la licence. Sa tutrice, ne souhaitant pas investir dans cet achat onéreux et tenant à ce que le travail soit réalisé avec ce logiciel, lui a demandé, en début de stage, de travailler avec la version de l'université.

Madame Rial se repose entièrement sur Karine et sur une autre stagiaire, qu'elle recrute un mois après et qui est en DESS (initialement, Madame Rial pensait prendre un/une étudiant/e en BTS). Alors que la deuxième stagiaire devait au départ seconder Karine, Madame Rial décide de séparer chaque tâche en deux et de mettre les deux stagiaires en concurrence.

L'étude ne se déroule pas dans les délais prévus qui sont, semble-t-il, trop courts. La période de stage est initialement prévue de mi-avril à juin, mais Madame Rial demande à Karine de le prolonger jusqu'au 19 juillet afin de terminer l'étude. Karine accepte, bien que les relations entre elle et sa tutrice soient tendues. Elle a plusieurs fois, depuis mai, contacté son tuteur universitaire pour l'informer de leurs difficultés relationnelles : elle évoque même un « harcèlement » de la part de sa tutrice.

Finalement, lorsqu'elle quitte l'entreprise, elle n'a pas rédigé les conclusions de l'étude car le recueil des données avait pris du retard et l'analyse de ces données vient d'être achevée. Madame Rial fait pression sur elle pour qu'elle le fasse en dehors de son stage, la menaçant de ne pas l'indemniser pour

© Groupe Eyrolles

---

1. Vidaillet (2002).

celui-ci et de ne pas le valider, ce qui conduirait à ce que Karine n'ait pas son année universitaire. Karine, à bout devant les menaces de sa tutrice, refuse.

Fin août, Madame Rial envoie une lettre à l'université, dans laquelle elle dénigre le travail réalisé par l'étudiante, la compare négativement à l'autre stagiaire, et demande à ce que son stage ne soit pas validé.

Peut-on réellement considérer que Karine a été défaillante dans ses compétences professionnelles ? La réponse est évidemment négative : c'est sa tutrice elle-même qui a insisté pour prolonger son stage, Karine a apporté ses compétences méthodologiques et sa connaissance du logiciel et, enfin, la demande insistante de Madame Rial pour que ce soit Karine qui rédige les conclusions de l'étude montre assez qu'elle doit considérer que celle-ci est compétente en la matière (et même indispensable). Par ailleurs, Karine est une étudiante sérieuse et ses autres stages se sont très bien déroulés. Comment peut-on alors comprendre la nature des relations conflictuelles qui se sont installées entre sa tutrice et elle ?

Il importe, dans ce cas, de repérer le rapport de dépendance de la tutrice par rapport à l'étudiante et ses conséquences potentielles. En effet, ainsi que nous l'avons évoqué, Madame Rial dépend de Karine pour l'apport de l'outil informatique et son exploitation. Elle est, dès le début du stage, dans une relation très particulière vis-à-vis de Karine : elle est sa tutrice hiérarchique mais la recrute pour des compétences qu'elle-même avoue ne pas posséder, ce qui la rend dépendante de l'étudiante. De plus, les enjeux de l'étude sont pour elle essentiels (l'issue validera ou non sa propre utilité, puisqu'il s'agit d'évaluer l'impact de la lettre d'information qui est une importante production de son service). Elle est donc dépendante de Karine, ce qu'elle manifeste d'ailleurs clairement en prolongeant son stage et en faisant pression pour que cette dernière rédige les conclusions de l'étude.

Vivant très mal cette dépendance, elle développe à l'égard de Karine une forte agressivité (celle-ci parle de « harcèlement »). Elle instaure un contrôle strict sur ses horaires et sur sa production et cherche systématiquement à la mettre en défaut. Elle ne met jamais en avant les qualités du travail de sa stagiaire (mais est conduite à prolonger son stage ce qui implicitement montre que le travail de Karine la satisfait), car cela l'obligerait d'abord à accepter ses propres limites. Il faut surtout souligner sa rage et l'énergie destructrice qu'elle déploie quand elle se rend compte qu'elle n'arrivera pas à faire plier Karine et que celle-ci ne rendra pas les conclusions de l'étude. La lettre envoyée à l'université est particulièrement accusatrice : seules les « insuffisances » de Karine sont évoquées. La volonté de Madame Rial est de conduire Karine à redoubler son année.

Il faut également souligner la tentative de mettre systématiquement Karine en concurrence avec une autre stagiaire. Alors qu'elle devait initialement recruter une étudiante en BTS chargée de seconder Karine, elle décide finalement de recruter une étudiante en DESS, qui sera systématiquement mise en miroir par rapport à Karine. Au lieu de les faire travailler en collaboration, elle partage en deux le travail à réaliser sur chaque phase (sauf sur le traitement informatique des données et sur les conclusions, du ressort de Karine, mieux formée au logiciel), afin de comparer les performances de l'une par rapport à l'autre. Dans la lettre envoyée à l'université, elle compare ouvertement les deux étudiantes (« *sa collègue a réussi le pari* ») et souligne la réussite de l'une et l'échec de l'autre. La force agressive et destructrice qui s'observe chez Madame Rial, associée à sa position de dépendance à l'égard des compétences de Karine conduit à envisager l'hypothèse de l'envie, à l'origine de son comportement. Cette hypothèse semble d'autant plus plausible qu'elle essaie de mettre Karine elle-même dans une position susceptible de provoquer chez elle envie et rivalité, à l'égard de l'autre stagiaire. Madame Rial, très sensible à la relation en miroir qui s'établit entre Karine et elle, essaie de la mettre à son tour face à ses propres limites. Tous ces processus restent probablement inconscients chez Madame Rial. Quant à Karine, elle se sent agressée et mise dans une position ambiguë très difficile à comprendre : d'un côté, elle est sollicitée par sa tutrice qui ne peut se passer d'elle, de l'autre elle est systématiquement mise en défaut et attaquée sur ses compétences. Elle vit les événements avec une sorte de sidération.

Bien entendu, ces hypothèses demanderaient à être creusées lors d'une intervention clinique, ce qui n'a pas été le cas ici. Elles ont cependant l'intérêt de relier des éléments *a priori* contradictoires ou extrêmes. Elles permettent de comprendre une situation qui a pris de graves proportions au niveau relationnel, alors que, dans les faits, l'étudiante a travaillé correctement. Elles attirent également l'attention sur une situation de travail assez courante, dans laquelle une personne dépend fortement d'une autre qui détient des compétences qu'elle-même n'a pas. Lorsque ces personnes sont au sein de la même équipe, cette situation peut sembler *a priori* idéale, puisque les personnes sont complémentaires. Mais si, dans les faits, l'une vit l'autre comme mettant en évidence ses propres limites, manques et insuffisances et si la relation de dépendance est forte, il est possible que cette situation réveille des sentiments archaïques, notamment l'envie.

Rester vigilant

J'ai identifié ci-dessus les occasions qui peuvent déclencher ou accentuer des problématiques d'envie en contexte de travail. La plupart des organisations sont susceptibles de connaître ce genre d'occasions, tant elles peuvent sembler courantes ou « normales ». Ainsi, promouvoir telle ou telle personne, recruter un nouveau salarié ou un stagiaire, faire travailler ensemble des personnes complémentaires, partager des ressources, répartir des budgets sont des actes de management fréquents. Quant au changement organisationnel, s'il n'est pas aussi fréquent, ni aussi « banal », il fait néanmoins partie de la vie de toute organisation, sous une forme plus ou moins « douce » ou, au contraire, radicale.

Tous ces moments peuvent être considérés sous un nouvel angle, si on les regarde avec les lunettes de l'envie. En effet, ils constituent autant d'occasions où l'envie peut se déclencher ou se renforcer. Ils appellent donc à une certaine vigilance chez les managers qui sont particulièrement impliqués dans ces processus. L'envie, si elle est une émotion inévitable dans tout contexte social, a un fort potentiel de destruction, comme nous l'avons vu au chapitre 2. Elle peut se transformer en un « poison » toxique, d'autant plus dangereux qu'il agit à visage couvert. Il serait donc dommage de la laisser se développer parce que les

« occasions d'envie » ne sont pas identifiées comme telles dans l'organisation. Connaître ces occasions et savoir qu'elles peuvent avoir un tel impact permet de les gérer avec attention et vigilance.

J'ai regroupé ces occasions autour de deux axes, en montrant que l'envie pouvait émerger : d'une part, lorsque la place respective des uns et des autres se joue ou se rejoue ; d'autre part, lorsque les relations de dépendance existant entre les personnes d'une équipe, d'un service ou d'une organisation sont manifestes et exacerbées.

Certes, cette typologie comporte ses limites : il est probable que les situations et occasions liées au premier axe aient aussi parfois à voir avec le second. Par exemple, lors d'un changement organisationnel, ce sont souvent les places respectives qui sont modifiées mais également les ressources qui doivent être partagées, accentuant alors la dépendance perçue entre services ou personnes. Les deux axes ne sont donc pas mutuellement exclusifs, bien au contraire. L'intérêt essentiel de cette typologie est surtout d'attirer l'attention sur deux grands types de causes conjoncturelles susceptibles d'activer l'envie dans une organisation. Si une situation réunit ces deux causes, la probabilité que l'envie soit une émotion présente et active sera d'autant plus forte.

Chapitre 7

DES ORGANISATIONS PLUS SAINES

Au point où nous sommes parvenus, nous ne pouvons plus nier que l'envie est une émotion présente dans les contextes professionnels. Nous sommes capables de la reconnaître derrière de nombreux symptômes, problèmes et dysfonctionnements organisationnels. Nous savons pourquoi elle se développe en contexte de travail, sous quelle forme elle intervient et quelles conséquences elle engendre. Nous sommes conscients que certaines occasions sont particulièrement susceptibles de l'aviver.

Pour autant, même si nous sommes prêts à reconnaître sa présence plus ou moins active, il n'est pas simple de savoir qu'en faire, comment la gérer, s'il faut en tenir compte.

Le pire : laisser l'envie au gouvernail

L'envie est inhérente au fonctionnement de l'homme en société. Il est « normal » de la retrouver en entreprise, comme dans tous les groupes sociaux. L'anthropologie nous apprend que de nombreux systèmes sociaux traditionnels sont construits sur le postulat, qui doit rester dissimulé, que l'envie peut détruire le groupe et qu'il faut donc éviter qu'elle ne se développe, qu'elle ne soit attisée. Le fonctionnement du système est donc basé sur la (re)connaissance de l'envie et sur son évitement, mais cette connaissance doit rester cachée. C'est à cette condition que le système tient.

Ce n'est pas ce qui se produit dans les organisations contemporaines. Tout se passe comme si, dans un certain nombre d'entre elles, la politique de gestion des ressources humaines fonctionnait sur une profonde connaissance des mécanismes de l'envie et, au lieu d'essayer d'en limiter les effets, en faisait au contraire le pivot de ses pratiques d'incitation et de motivation. Certains systèmes laissent donc l'envie prendre les commandes et devenir une composante majeure de leur mode de fonctionnement, avec le risque qu'elle ait des effets destructeurs. Le paradoxe de tels systèmes est que l'envie, qui soutient pourtant de nombreuses pratiques, n'y est jamais évoquée et que tout est fait pour la masquer. C'est ainsi qu'on y tiendra des discours valorisant l'autonomie du salarié, quand le ressort de la motivation est l'imitation et la comparaison permanente à autrui. Ou l'on prônera des valeurs qui poussent à travailler en équipe quand les mécanismes incitant à la compétition empêchent une collaboration sereine entre les personnes. Dans de tels cas, la violence contenue par le système peut être forte et se retourner contre l'organisation, en engendrant un gâchis humain (cas Punchy), ou se retourner sur le salarié, notamment lorsque sa structure psychique le pousse à s'engouffrer dans ce type de fonctionnement (cas de Noémie).

Ma position est donc claire : il est très dangereux et malsain pour une organisation d'adopter des pratiques de gestion et d'animation des personnes qui encouragent le développement de l'envie. De telles pratiques mobilisent en effet la part la plus infantile des individus, exploitant un besoin de dépendance extrême à l'évaluation et au jugement de l'Autre et une difficulté à se détacher d'un autre mis en miroir. Lorsque l'envie s'installe durablement, elle mobilise une grande énergie psychique qui s'investit au détriment d'aspects importants pour l'organisation, comme la créativité ou la collaboration, et empêche la fluidité relationnelle. L'une des principales problématiques managériales liées à l'envie est de concevoir des systèmes de gestion des ressources humaines qui évitent que cette émotion ne prenne des proportions dommageables pour l'organisation et d'être attentif à toutes les occasions qui peuvent l'activer.

Il n'y a pas de recette miracle pour y parvenir. J'ai montré qu'une fausse solution serait d'imaginer pouvoir éradiquer l'envie et de chercher, pour ce faire, à développer une structure organisationnelle fondée sur un idéal égalitaire appliqué dans les moindres détails. En effet, d'une part un tel système aurait des conséquences désastreuses en termes d'innovation, de productivité et de capacités à évoluer du fait de la peur d'être envié ; d'autre part, les sentiments d'envie ne seraient pas empêchés. Bien au contraire, ils seraient facilités car la moindre différence prendrait un relief insupportable et ils conduiraient à une violence larvée.

Chaque organisation a ses spécificités et chacun devra raisonner, en tenant compte de la structure dans laquelle il se trouve. Cependant, quelques grands principes peuvent guider cette démarche.

Limiter les processus mimétiques

Tout d'abord, il s'agira d'éviter ou de limiter les processus mimétiques.

Cela peut passer, par exemple, par le fait de chercher à intégrer et à maintenir des différences au sein des équipes de travail. À l'heure où l'on ne cesse d'évoquer la nécessité politique d'accepter une plus grande diversité de profils en entreprise, cela doit conduire en effet à intégrer une plus grande variété au sein des équipes. Cette diversité concerne aussi bien le sexe (homme, femme) que la nationalité, l'origine sociale, l'âge, le type d'expérience ou le type de formation. Plus les profils sont différents, plus il apparaît vain et impossible de chercher à se comparer, moins un modèle unique est susceptible d'apparaître comme désirable.

Cela peut conduire à surveiller attentivement toutes les situations dans lesquelles les individus sont mis en miroir les uns des autres, pris dans des rapports de dépendance trop étroite ou de face-à-face permanent. Autant de situations dans lesquelles l'envie est susceptible de se développer, de « s'enkyster ». Ainsi, dans le cas 21 (« la tutrice enragée »), le directeur d'agence, s'il avait été sensible à la problématique d'envie présente dans la relation entre Anne Rial et Karine Del, aurait pu intervenir pour rompre le huis clos entre ces deux personnes. Il aurait pu, par exemple, décider de gérer directement Karine, de faire régulièrement le point avec Anne Rial et elle sur l'état d'avancement. Au lieu de quoi, il a laissé s'installer une relation à deux très malsaine. Dans le cas de Fanny et de Cécilia, la responsabilité de l'encadrement a été de recruter des étudiantes de la même promotion, avec des profils très proches, de les mettre en face-à-face dans des positions similaires, avec des tâches identiques. Le déménagement a ensuite joué un effet séparateur.

Chercher à limiter les processus mimétiques conduit à porter un regard nouveau sur la nécessité de maintenir des séparations dans les organisations, quitte à se situer à contre-courant des évolutions actuellement prônées en entreprise. À l'heure où l'on vante la flexibilité, l'interchangeabilité des places, les structures plates, la polyvalence, etc., nos recommandations viseraient plutôt à préserver des frontières, des barrières, des limites pour maintenir des places différenciées et éviter que chacun ne se trouve potentiellement en concurrence avec chacun. Dans un système totalement ouvert, dans lequel les places de tous sont interchangeables, il est difficile d'éviter que l'envie ne se propage par le processus de contagion mimétique qui lui est propre. Au lieu de se limiter à une partie du système, elle a alors toutes les chances de pouvoir se diffuser très largement et de contaminer l'ensemble.

Éviter le blocage dans l'échec et dans la frustration

Pouvoir rebondir

Le problème avec l'envie en contexte professionnel n'est pas qu'elle apparaisse mais qu'elle y reste, qu'elle ne puisse être éliminée ou transformée. Dans le cas de la banque hongkongaise, l'envie, bien que présente chez certaines personnes qui ne sont pas promues, ne prend pas de proportions préoccupantes. Au contraire, les envieux sont aussi ceux qui obtiennent les meilleures performances quelques mois après avoir été déboutés de leur demande de promotion. L'échec est ressenti comme provisoire et le système permet ici que l'envie soit transformée et que la motivation à évoluer puisse se mettre en œuvre et aboutir.

Cependant, je l'ai souligné, tous les systèmes organisationnels ne permettent pas de telles évolutions. Certains peuvent donner l'impression que les parcours d'évolution doivent suivre une voie royale qui, simultanément, est la seule réellement valorisée (et donc désirable) et est réservée à très peu de personnes. Dans de tels cas, échouer dans cette voie est très dévalorisant pour l'individu et, si d'autres parcours ne sont pas valorisés dans l'organisation, il ne peut fixer son attention sur d'autres modèles plus accessibles ou plus cohérents avec son profil. Alors, la frustration ne peut que s'accroître et avec elle l'envie s'installer durablement. Elle se traduira par des actes agressifs vis-à-vis du système ou de ceux qui réussissent, par une démotivation durable ou par un retrait du système. Les systèmes qui ne valorisent qu'un type de parcours ne respectent pas la diversité des choix et des positions qu'il est possible d'adopter par rapport à un métier et rendent l'accès à ce parcours unique très difficile. Ils ont donc toutes les chances d'être contaminés durablement par l'envie. C'est pourquoi il importe que les systèmes de gestion de carrière soient conçus de manière à accepter et à valoriser la pluralité et la diversité des parcours (et des origines) professionnels possibles, afin d'éviter la frustration et ultimement le blocage dans l'envie.

Transformer les échecs en occasion d'apprendre

L'envie s'enkyste lorsque l'individu se maintient durablement dans un sentiment d'infériorité qui, en général, ne peut se dire. J'ai souligné en introduction que l'envie pouvait apparaître comme le revers de la médaille d'un univers qui valorise la réussite. L'envie évoque l'échec, l'infériorité, les difficultés à accéder à ce que l'on désire. Au plan organisationnel, la problématique est alors de permettre à la personne de se remettre des situations dans lesquelles elle se sent mise en cause dans ses compétences et ses capacités. Comment l'échec, par exemple lors d'une promotion refusée, ou les moments susceptibles de fragiliser certains salariés, par exemple lors d'un changement organisationnel, sont-ils gérés au niveau collectif ? L'échec est-il stigmatisé ou, au contraire, accepté et évoqué comme une expérience possible ? L'organisation met-elle à la disposition des personnes des moyens et des ressources pour les aider à surmonter ces difficultés ? Quel soutien, quel support, quel accompagnement reçoivent-ils ? Un dispositif de formation spécifique, par exemple, peut être essentiel pour aider une personne à se sentir capable d'évoluer, pour ne pas la laisser durablement aux prises avec un sentiment d'infériorité ou des doutes sur elle-même.

Dans l'entreprise Google, dans laquelle le travail d'équipe et l'innovation sont hautement valorisés, les échecs des collaborateurs sont régulièrement fêtés : puisque l'énergie est mise à entreprendre, à essayer, à innover, on peut aussi échouer, mais ces échecs ne doivent pas entraver le désir d'essayer à nouveau. L'échec est, dans ce cas, mis en rapport avec la prise de risque initiale, avec le fait d'avoir tenté d'aller vers le nouveau, l'inconnu et non pas analysé simplement en fonction de résultats négatifs. Il y a là une réelle volonté de ne pas stigmatiser l'échec, de ne pas l'associer à un jugement dévalorisant sur les compétences du collaborateur, mais de saluer, au contraire, l'initiative. Combien d'entreprises sont à ce point cohérentes dans la manière d'encourager la créativité des collaborateurs ?

Bien choisir les managers

Le rôle du manager est important dans la genèse de l'envie et, symétriquement, dans le fait d'éviter qu'elle ne se développe durablement et ne devienne toxique. Dans de nombreux cas d'envie extrême développés ici, le manager apparaît comme un facteur aggravant et parfois même instaurant lui-même des rapports d'envie entre ses collaborateurs : par exemple, dans les cas Punchy, Supdeco ou Tracta, dans l'exemple de la commission d'évaluation universitaire, du recruteur envieux ou de l'aéroport. Le rôle du manager dans le développement de l'envie peut être, *a minima*, de ne pas avoir conscience que certaines situations sont propices au développement de l'envie. Ainsi, dans le cas de Fanny et de Cécilia, le responsable de service ne semble pas sensible aux relations tendues entre ces dernières et aux risques d'envie associés à la proximité de leur profil respectif. Mais, à l'extrême, le rôle du manager peut être beaucoup plus actif et destructeur : soit parce qu'il cherche à exciter et à exacerber les sentiments envieux entre collaborateurs, comme dans les cas Punchy et Supdeco, soit parce qu'il est lui-même envieux de certains collaborateurs et profite de sa position de pouvoir pour les attaquer, comme dans le cas Tracta ou dans la commission d'évaluation.

De l'envie au harcèlement

Dans ces cas de figure extrêmes, le manager se caractérise par un rapport au manque et à ses propres limites qui n'a pas été travaillé. En essayant d'attiser des sentiments envieux entre collaborateurs, il cherche à se mettre lui-même dans une posture de toute-puissance qui lui permet de refouler ses doutes sur lui-même et la conscience de ses propres manques. En attaquant directement des collaborateurs qu'il envie, il peut mettre en acte son besoin d'abîmer et de détruire ceux qui le confrontent à ses limites et ravivent ses souffrances narcissiques. C'est ainsi que peuvent d'ailleurs être compris certains comportements de harcèlement en entreprise. Le harceleur est attiré par une caractéristique d'autrui, qui lui est insupportable car son existence chez l'autre met en évidence son défaut chez lui[1]. Aussi cherche-t-il à tout prix à détruire cet autre, à anéantir ce qui fait sa spécificité et sa supériorité perçue. Le harceleur s'attaque alors non pas aux personnes soumises ou masochistes, mais à celles qui sont dotées de qualités particulières. Ses attaques visent à supprimer ces différences et, plus largement, à détruire ce que l'autre détient « en plus ». Dans cette perspective, le harcèlement est la résultante d'une envie très forte et primitive qui conduit la personne envieuse à chercher à détruire l'objet d'envie, ce qui est cohérent avec les recherches sur le harcèlement moral qui soulignent combien la personne harcelée pouvait être psychiquement détruite et avoir l'impression d'avoir perdu toute vitalité et toute confiance en elle.

© Groupe Eyrolles

---

1. Prigent (2003).

Un manager constructif

Que le manager soit indifférent vis-à-vis de l'envie potentielle dans son équipe ou qu'il soit actif dans le développement de celle-ci, jusqu'à profiter de sa position de pouvoir pour harceler certains collaborateurs enviés, il joue un rôle essentiel qui justifie qu'il soit alerté sur son impact potentiel dans la genèse de l'envie.

Nous pouvons formuler un certain nombre de recommandations relatives aux comportements à adopter par un manager qui souhaite ne pas renforcer l'envie dans son équipe :

- donner à toutes les personnes qu'il encadre le sentiment d'être respectées, de sentir que leur travail est apprécié et rétribué à sa juste valeur ;
- éviter que les mécanismes de comparaison s'installent entre membres de l'équipe. Cela signifie qu'il n'a pas lui-même à comparer les personnes entre elles et qu'il doit, au contraire, s'efforcer de reconnaître les spécificités propres à l'activité de chacune, ainsi que les compétences individuelles, tout en donnant régulièrement des feed-back personnalisés à chacun ;
- veiller à ce que chacun puisse s'approprier une place distinctive et soit rassuré quant à cette place ;
- éviter de glorifier certains membres de l'équipe, en les mettant en valeur par rapport à d'autres ;
- ne pas laisser s'installer durablement un sentiment d'infériorité. Ainsi, il peut signifier à un membre de son équipe qui échoue dans un projet que cet échec ou cette difficulté ne sont pas liés à des carences définitives et à des limites indépassables chez cette personne et l'aider à se projeter à nouveau dans une trajectoire positive.

Un tel manager, en n'accentuant pas les sentiments d'infériorité et d'amertume, en limitant les comparaisons et en évitant la mise en scène de celles-ci, aura toutes les chances de ne pas voir l'envie prendre des proportions majeures dans le fonctionnement de son équipe. Ce qui est essentiel ici, c'est la capacité du manager à établir une relation à ses collaborateurs faite de respect et non destructrice pour ces derniers.

Une maturité qui se travaille

Être capable, en tant que manager, de développer cette relation constructive et « soutenante » demande d'avoir soi-même travaillé et accepté ses propres limites, ses doutes et ses frustrations. Cela passe également par la capacité, chez le manager, à être conscient de sa propre envie, lorsqu'elle surgit, et à en comprendre les ressorts pour s'en détacher et ne pas la laisser se manifester dans son mode de management. Ce qui est en jeu ici est moins de chercher à se débarrasser de sa propre envie, que d'être capable de l'identifier et de la nommer quand elle survient, de comprendre ce qui la provoque et d'en réduire le potentiel destructeur. La responsabilité de l'organisation est de savoir désigner des managers dotés de cette maturité psychologique et de ce recul sur soi, pour être en mesure de ne pas renforcer les comportements envieux dans leurs équipes.

Pouvoir s'affirmer comme sujet dans l'organisation

Sortir de l'envie ou être peu touché par cette émotion suppose de ne pas être pris dans un rapport d'imitation à l'autre. C'est à peu près ce qu'écrit le sociologue Helmut Schoeck[1] : « *{...} l'envieux ne pourra précisément faire de sa vie une chose valable qu'à partir du moment où il aura élaboré une théorie qui, détournant son regard des enfants chéris de la fortune susceptibles d'exciter son envie, canalise ses énergies vers des buts situés à sa portée et convenant à sa personnalité.* » Cela demande une certaine maturité psychologique pour être capable de se distancier des codes de réussite en vigueur dans une organisation, sans pour autant les nier ou les rejeter, et de trouver un rapport à son travail respectueux de soi, de ses compétences et de son désir. Cette posture conduit à agir et à faire des choix de parcours professionnel, en fonction du sens que cela a pour soi, de la finalité à laquelle chacun souhaite contribuer, en tenant compte de ses spécificités, de son expérience, de ses goûts et de ses aversions. Sortir de l'envie suppose que l'on ne raisonne plus

---

1. Schoeck (1995, p. 14).

en termes de supériorité ou d'infériorité par rapport à autrui et que l'on a renoncé à envisager l'autre et soi-même comme potentiellement tout-puissants. Cela signifie que l'on a intégré ses propres limites, travaillé sur ses ambivalences, éclairé certains choix de carrière, en fonction à la fois des renoncements qu'ils impliquent et des nouvelles opportunités qu'ils offrent. C'est un travail sur le sens de son propre parcours, qui réintroduit la dimension temporelle alors que l'envie projette la personne en dehors de sa propre histoire, dans un espace-temps qui ne lui appartient plus. Se réapproprier son histoire et sa trajectoire, c'est reconnaître pleinement sa place de sujet, doté d'autonomie et à l'écoute de son désir.

Bilan de compétences, *coaching* et travail sur soi

Au plan des pratiques de gestion des ressources humaines, la question est de savoir si l'organisation est prête à reconnaître ce sujet-là. Cela suppose de reconnaître la singularité du projet professionnel de chacun et de l'articulation de ce projet à un projet de vie plus global. Les pratiques qui se développent autour du bilan de compétences et de la valorisation des acquis de l'expérience peuvent participer de cette démarche, en permettant à un salarié de faire le point sur soi, de mettre en évidence les spécificités de son parcours et de réfléchir à sa finalité professionnelle. Le droit individuel à la formation peut également accompagner une marche vers l'autonomie du salarié, s'il l'intègre à un projet personnel de formation, en fonction de ses spécificités, de ses compétences et de ses goûts.

Quant aux pratiques de *coaching* et de développement personnel, très en vogue auprès de certaines catégories professionnelles, notamment cadres et dirigeants, elles peuvent aider l'individu à être à l'écoute de soi et de ses désirs, à articuler un projet professionnel et personnel respectueux de soi, dans une recherche d'authenticité. Malheureusement, certains stages ou « coachs » conduisent à des effets inverses, en visant surtout à renforcer l'ego des participants, les confirmant dans leurs illusions de toute-puissance et de maîtrise, les maintenant ainsi dans la posture infantile de l'enfant face au miroir, largement évoquée dans ce livre.

Une trajectoire professionnelle qui a du sens

Une autre condition pour que la personne au travail puisse se constituer comme un sujet est que son action et ses choix puissent s'inscrire dans un cadre suffisamment structurant, avec des règles régissant l'évaluation de son travail et l'évolution de sa carrière qui soient assez claires pour qu'elle puisse elle-même se déterminer par rapport à ces règles et inscrire son action dans une trajectoire. Dans le cas Punchy, il est très difficile pour les vendeurs de se constituer comme sujets, dans la mesure où le cadre ne cesse de changer et où ils ne peuvent s'appuyer sur aucune certitude. Leur action ne peut pas s'inscrire dans une trajectoire continue et cohérente. La quasi-absence de progression possible (rares sont ceux qui évoluent vers des postes de chef des ventes et de directeur de magasin, pour des raisons évidentes de manque de postes) et la répétitivité des tâches font que chaque jour ressemble au précédent, tout en l'effaçant. Tout est quotidiennement à recommencer. L'individu est coupé de son passé, il n'a plus d'histoire, ses collègues non plus, et l'illusion que l'autre est un double peut fonctionner.

A contrario, l'universitaire tout d'abord envieux de son collègue qui a trouvé un poste dans une meilleure université peut progressivement prendre ses distances par rapport à ce dernier, en réinscrivant l'écart surgi entre eux dans la trajectoire de chacun. Plutôt que de souhaiter obtenir la même chose, il cherche à comprendre ce que signifient leurs différences. Cela est probablement possible parce que le système dans lequel il se trouve lui permet de donner un sens valable à ses propres choix et de les inscrire dans son parcours professionnel. Il peut se réapproprier son histoire, grâce à un travail, qu'on pourrait qualifier de « perlaboration », à partir de l'envie qu'il ressent. La problématique essentielle, au plan des pratiques de gestion des ressources humaines, est de permettre aux salariés d'inscrire leurs actions dans des processus suffisamment continus, cohérents et évolutifs pour que soit maintenue leur historicité, fondamentale pour qu'ils s'éprouvent comme sujets.

Vers une organisation « suffisamment bonne » ?

L'enjeu essentiel pour les organisations n'est pas d'éradiquer l'envie, mais de limiter son potentiel destructeur. Une condition fondamentale à cet effet est que cette émotion, lorsqu'elle apparaît, puisse être transformée, soit en aiguillon qui permet d'avancer comme dans le cas de la banque hongkongaise, soit en une opportunité pour prendre conscience de ce qui se joue pour soi avec l'émergence de l'envie et pour redécouvrir la dimension singulière de son parcours professionnel. Cette transformation qui évite que l'envie s'enkyste durablement et menace la santé du système suppose une « organisation suffisamment bonne », pour paraphraser le concept de « mère suffisamment bonne » développé par le psychiatre et psychanalyste anglais Donald Winnicott. Une « organisation suffisamment bonne » est une organisation qui :

- limite l'angoisse par rapport à ce que l'on « est » ;
- sépare suffisamment ses salariés ;
- les pourvoit en ressources suffisantes qu'elle partage sur des bases explicites, stables et acceptées ;
- n'exploite pas les failles narcissiques d'individus fragilisés pour les pousser toujours plus loin ;
- permet aux personnes de s'inscrire dans une trajectoire professionnelle cohérente ;
- dédramatise les échecs et donne l'occasion de réessayer.

Fiche 5

Comment faire en sorte que l'envie ne se développe pas à outrance ?

Pour que l'envie ne se développe pas dans un système, il faut faire attention à de très nombreux actes de management. Voici quelques conseils qui vous aideront.

Évaluation de la performance

Dans chaque activité, conservez des critères de mesure de la performance spécifiques. C'est plus difficile à mettre en place et à utiliser, mais plus respectueux des compétences associées à chaque fonction.

Soyez conscient qu'il est incohérent de demander un travail d'équipe, tout en mettant l'accent sur les performances individuelles :

- si le travail requis exige une collaboration, utilisez des critères de mesure de la performance collective ;
- limitez la compétition interne.

Dans beaucoup d'activités, il est très difficile de mesurer la performance d'un collaborateur. C'est pourquoi :

- il vaut mieux ne pas évaluer que mal évaluer ;
- évitez les critères qui simplifient à outrance ;
- utilisez le plus possible une évaluation qualitative, riche en feed-back personnalisé, qui permet au collaborateur de progresser.

Pour donner une évaluation porteuse de sens au collaborateur, il est nécessaire de :

- l'aider à l'analyser, à la comprendre ;
- éviter de le comparer aux autres. Comparez-le plutôt à lui-même pour faire ressortir les évolutions et les points à travailler en priorité.

Vos collaborateurs sont des personnes, pas des machines, qui peuvent faire moins bien, rencontrer des difficultés à certains moments. Tenez-en compte.

Rétributions et incitations

Définissez des règles de rétribution claires, connues de tous, cohérentes avec l'activité considérée.

Évitez les systèmes qui introduisent des distinctions artificiellement marquées :

- un système progressif est préférable : mieux vaut une prime proportionnelle à un dépassement d'objectifs, qui peut être affectée de manière différenciée à tous ceux qui les ont dépassés, qu'un voyage attribué à quelques-uns. Un découpage clair entre les meilleurs, les mauvais et les autres est à éviter ;
- mettre en scène des personnes récompensées lors de cérémonies de type « distribution de médailles » n'est pas judicieux ;
- mieux vaut profiter des cérémonies et manifestations officielles, pour rassembler les collaborateurs autour d'un succès collectif ou se serrer les coudes en cas de difficultés.

Recrutement

Privilégiez le plus possible la diversité dans le recrutement.

Soyez vigilant lors du recrutement d'une nouvelle personne : évaluez bien la manière dont les positions respectives risquent de changer :

- comment l'équilibre de la structure va-t-il évoluer ?
- si vous recrutez une personne particulièrement douée sur une caractéristique donnée, anticipez les réactions des autres membres de l'équipe. Montrez que cette personne vient enrichir l'ensemble de l'équipe et que son travail s'inscrit dans un objectif plus global, qui profite à tous ;
- continuez à valoriser les autres membres de l'équipe.

Faites très attention lorsque deux personnes ayant des caractéristiques très proches (sexe, âge, formation, expérience) doivent travailler ensemble :

- si possible, distinguez bien leurs fonctions ;
- attribuez-leur des missions bien différenciées, sur lesquelles la comparaison sera plus difficile ;

- en cas de tension, séparez physiquement les personnes afin qu'elles se rencontrent moins ;
- évitez que l'une dépende de l'autre.

Si vous êtes recruteur, soyez attentif à vos propres peurs par rapport à la personne à recruter :

- en quoi ses compétences et son expérience viennent-elles éventuellement réveiller vos frustrations ?
- si vous vous sentez envieux, faites l'exercice proposé dans la fiche 4.

Promotion et gestion de carrière

Évitez que les personnes promues soient l'objet d'envie. Lorsqu'une personne obtient une promotion, il est important qu'elle exerce ses nouvelles fonctions dans une nouvelle équipe.

Limitez les frustrations, en concevant des :

- parcours d'évolution ouverts, différenciés, adaptables en fonction des compétences de chacun. Il ne s'agit pas, bien sûr, de créer autant de parcours que de personnes, mais d'éviter le « *one best way* » et les impasses associées en termes de carrière ;
- parcours dans lesquels les occasions d'évoluer sont fréquentes. Mieux vaut franchir régulièrement de petites étapes accessibles que rester bloqué indéfiniment devant une marche trop haute.

Aidez les collaborateurs à rebondir après un échec, en :

- instaurant une culture de groupe qui dédramatise l'échec : fêtez les échecs, évoquez les vôtres quand cela vous arrive, etc. ;
- aidant la personne à analyser son expérience, même si le résultat est décevant, pour la transformer en une opportunité d'apprentissage ;
- donnant au collaborateur l'occasion de réessayer ou de tenter de nouveaux projets ;
- conseillant un accompagnement individuel, si nécessaire, après un échec.

Aidez les salariés à s'inscrire dans une trajectoire professionnelle qui a du sens pour eux :

- feed-back personnalisé ;
- recours au bilan de compétences ;
- offres de formations personnalisées et cohérentes avec leurs aspirations ;
- le coaching peut viser cet objectif.

Ne laissez pas se développer un sentiment d'injustice, définissez clairement les règles qui permettent d'évoluer. Appliquez
ces règles et seulement celles-ci.

Évitez que les décideurs soient trop proches des postulants en
termes de caractéristiques professionnelles :

- veillez à ce que des personnes plus « neutres » soient associées aux décisions de promotion : introduisez des personnes
de la DRH, un consultant extérieur spécialisé, etc. ;
- en cas de gestion de carrière « par les pairs », seules la définition et l'application stricte de règles et de critères clairs et
définis à l'avance peut limiter les biais liés à l'envie.

Partage de ressources : budget, clients, informations, emplois, etc.

Définissez clairement l'objectif collectif à atteindre avec ces ressources. Communiquez cet objectif à toutes les parties prenantes.

Définissez et communiquez les règles de partage qui permet-
tront d'atteindre cet objectif.

Vous pouvez également impliquer les parties prenantes dans la
définition de ces règles.

Appliquez strictement ces règles. Jouez la transparence.

Changement organisationnel

Rassurez les personnes quant aux places qui seront occupées :

- donnez le plus rapidement possible aux salariés des informations précises sur le poste qu'ils occuperont (ou non) dans la
nouvelle structure ;
- explicitez clairement les règles utilisées pour attribuer les
nouveaux postes.

Définissez à l'avance des règles visant à être équitable, par exemple :
- règle de parité : si deux structures doivent fusionner, répartissez si possible les postes d'encadrement entre les deux structures ;
- règle de similarité : si deux personnes ont des fonctions et des compétences similaires, faites en sorte qu'elles évoluent de manière similaire dans la nouvelle structure ;
- règle de partage : dans la mesure du possible, pertes et gains associés au changement doivent être bien répartis et clairs pour tous.

Surveillez les conséquences relationnelles des changements de places respectives :

• si plusieurs personnes d'un même service sont amenées à retravailler ensemble dans la nouvelle structure, évitez que les positions relatives soient totalement modifiées ;

• si certaines personnes obtiennent un meilleur poste du fait de la réorganisation, alors que d'autres y perdent, évitez de les mettre dans la même équipe ;

• mais si vous ne pouvez pas faire autrement, surveillez attentivement la relation pour séparer les personnes en cas d'envie.

Rassurez les personnes concernées par le changement sur leurs compétences, en les :

• aidant à s'adapter à leurs nouvelles fonctions (formation, tutorat, suivi attentif, etc.) ;

• aidant à inscrire le changement dans une évolution de carrière. Même si elles le vivent comme une régression, le fait de s'adapter les oblige à trouver en elles de nouvelles ressources ;

• valorisant leurs efforts, même minimes.

L'ENVIE ET LE RAPPORT À L'AUTRE EN CONTEXTE PROFESSIONNEL

Au terme de ce livre, j'espère avoir contribué à mettre la lumière sur une part d'ombre du fonctionnement des organisations actuelles. L'envie est une émotion peu glorieuse pour celui qui la ressent. Lorsqu'elle se développe en lien avec le contexte professionnel, elle met en évidence un aspect très immature de ce qui peut se jouer pour nous dans notre comportement au travail. Un point important souligné dans ce livre a été de montrer que le système organisationnel n'est pas neutre dans le fait que cette émotion soit plus ou moins active en contexte professionnel. Certaines pratiques de gestion des ressources humaines, nous l'avons vu, semblent même reposer sur l'exploitation de cette capacité humaine à retomber dans les modes de fonctionnement infantiles propres à l'envie, tout en masquant cet aspect par des discours valorisant l'autonomie, l'excellence, les vertus de l'émulation, etc.

Une émotion appelée à se développer

L'une des questions que je souhaite soulever en conclusion de cette réflexion est la suivante : à l'avenir, cette émotion est-elle appelée à se développer encore plus dans les organisations ? Malheureusement, oui. Les évolutions des entreprises décrites dans ce livre (pratiques de comparaison et d'évaluation, outils de mesure de la performance, fixation sur la compétition, engagement dans des processus mimétiques sans fin, etc.) ne paraissent en effet pas près de s'arrêter. Au contraire, elles se diffusent de plus en plus largement, dans tous les types d'organisations (privées, publiques, culturelles, associatives, etc.) et s'inscrivent dans une évolution plus large, celle de la société. Certains observateurs de la société occidentale dénonçaient, il y a vingt ans, l'impact social de ces évolutions[1], prédisant une généralisation de l'envie. À mon tour, j'aurais tendance à souligner, au vu des pratiques qui se développent dans les organisations, que cette émotion a, dans ces contextes, de beaux jours devant elle !

Pourtant, la littérature en management reste silencieuse à ce sujet, ce qui peut sembler paradoxal : le défoulement, de fait, de l'envie dans les organisations coïnciderait à un refoulement dans la théorie. Mais le paradoxe n'est qu'apparent, si l'on considère que c'est justement ce refoulement théorique qui permet le développement de cette émotion, en masquant les processus à l'œuvre et en les voilant d'un discours sur la performance, l'excellence et la concurrence. Ce phénomène est d'ailleurs une tendance plus générale. Les écrits des auteurs de l'Antiquité (Aristote), de la Renaissance (Ronsard, du Bellay), du Baroque (Shakespeare), du XVIIe et XVIIIe siècles (La Fontaine, La Rochefoucauld, Pascal, Montaigne, Rousseau, Racine, Corneille) accordent une place majeure à cette émotion, qui culmine au XIXe siècle chez Balzac, Stendhal, Baudelaire, Hugo, Zola ou Proust, déréglant les destins individuels et les rapports sociaux[2]. Dans ces comédies humaines du XIXe siècle, tous les milieux, toutes les classes sociales, toutes les professions sont touchés par l'envie qui s'immisce aussi dans les amitiés sincères et dans les relations les plus intimes. Au XXe siècle, au contraire, l'envie disparaît du champ philosophique et littéraire, tandis que, d'après les rares sociologues qui l'ont étudiée, elle ne cesse de se développer, corrélativement au développement de la société capitaliste.

---

1. Dupuy (1979), Dumouchel (1979).
2. Wilhelm (2005, p. 10-11).

L'hypothèse est ici que l'envie n'est plus simplement une émotion qui résulte de la vie en société, mais qu'elle en est plutôt le moteur. Le point de retournement théorique correspondrait à cette évolution de l'envie, d'une conséquence inévitable à un moteur du fonctionnement de nos sociétés, dont la condition de mise en œuvre suppose de masquer sa présence et son action au cœur du système. Dans les organisations contemporaines, l'impensé de l'envie permettrait qu'elle continue à en être un ressort essentiel. C'est à cet impensé que j'ai souhaité m'attaquer, consciente des effets pervers de l'envie lorsqu'elle est refoulée et dissimulée derrière la rhétorique du discours managérial. Il est temps de la nommer, de la reconnaître et d'être conscient de ses dangers pour un système qui la laisserait s'enkyster.

Pathologies du lien

La question de l'envie en contexte organisationnel renvoie à une problématique fondamentale pour la pérennité des organisations : celle du lien à autrui. Le développement de l'envie va de pair avec ce que l'on pourrait qualifier de « pathologies du lien ». Lorsque l'envie est présente, le lien à l'autre est dégradé et potentiellement destructeur. Or, les liens humains sont fondamentaux dans les organisations, dont la principale problématique est de faire travailler ensemble des personnes différentes afin de produire quelque chose qui nécessite ce travail en commun. Certes, les normes, les procédures et les process contribuent à cet objectif, mais ils ne peuvent remplacer le lien humain, dont l'appauvrissement et la dégradation contiennent en germe la destruction de l'organisation.

Si l'envie et les pathologies du lien se développent, c'est que « l'autre », en milieu professionnel, est de plus en plus un autre-objet et/ou un autre de la compétition. Dans l'envie, l'autre est considéré comme un objet mis en miroir, plutôt que comme un être humain, avec son désir, sa complexité, sa richesse et ses manques. Plus les pratiques d'entreprise ramènent les êtres humains à du quantifiable, à des objets que l'on peut mesurer, évaluer, comparer, réduire à un chiffre censé représenter leur « performance », considérer indépendamment de l'ensemble des qualités qui en font des sujets autonomes, plus l'envie est susceptible de s'y développer. Au fondement d'un lien sain se trouve la reconnaissance de l'autre dans sa singularité. Plus l'individu est considéré comme un objet, moins il y a la place pour les liens invisibles de la sociabilité partagée et du sentiment d'appartenance à un groupe.

Une autre figure de l'autre, très présente en entreprise, est l'autre de la compétition, le double obsédant, menaçant, contre lequel il faut sans cesse lutter. Les notions de compétition et de concurrence sont centrales dans les sociétés développées. Cependant, un tournant invisible a été pris avec l'instauration de modes de management qui situent explicitement la compétition directement entre les personnes, au sein même des organisations. Lorsque la compétition a lieu entre entreprises ou au sein d'un groupe de concurrents, elle implique la plupart du temps une coopération entre individus d'une même organisation; ce qui fait expérimenter que l'autre n'est pas seulement l'autre de la rivalité et de la compétition mais aussi celui de la collaboration. Le fait que la concurrence et la compétition se situent à un niveau collectif constitue une protection pour la personne, qui peut sublimer son désir d'affronter l'autre dans un cadre qui structure cette compétition et sert de médiateur entre lui et l'autre[1]. L'affrontement n'est pas direct, entre personnes, il se fait entre certaines entreprises bien identifiées, concurrentes de long terme, bien différenciées et ayant chacune leur histoire.

« Tuer le frère » en entreprise

Le côté tragique des organisations contemporaines est que la compétition a glissé d'un niveau externe à un niveau interne. Le niveau externe n'a pas disparu, mais il justifie de plus en plus que la compétition

---

1. Palazzi (2006). Description éclairante des différences entre une compétition au niveau du marché, qui peut permettre à l'individu de sublimer son désir d'agression, et une compétition dans l'entreprise, qui ne lui permet pas de s'éprouver comme sujet et se fait au détriment de sa santé psychique.

principale se situe dans l'entreprise, entre personnes qui s'affrontent directement. La compétition y devient une affaire individuelle, dans laquelle il est difficile à l'individu d'expérimenter le fait que l'autre puisse être aussi celui de la collaboration. L'individu est soumis à une rivalité intense et permanente qui est la forme privilégiée que prend le rapport à l'autre. Ce n'est pas le père qu'il s'agit ici de tuer, mais bien le frère, acte Ô combien réprouvé dans toutes les cultures. N'est-ce pas ici que se situe la transgression ? Dans le fait d'inciter ouvertement à supprimer celui qui fantasmatiquement nous fait obstacle.

Personne ne peut échapper à la question de savoir comment il s'articule à autrui, car personne ne vit totalement isolé. Cette question est fondamentale dans l'organisation, elle renvoie au rapport qu'on peut établir avec celui avec lequel on est obligé de travailler. Toute la difficulté, incontournable, est bien de travailler avec d'autres. D'un côté, il y a le risque de la fusion, de se noyer dans l'autre, de perdre son identité. De l'autre, il y a le risque de vouloir tuer l'autre, l'effacer, l'annihiler ou le prendre seulement pour un point de repère par rapport à soi, dans un rapport qui en tient compte, mais comme pur objet pour se définir soi-même.

Entre ces extrêmes, il y a une autre voie à construire tous les jours : celle d'un autre que l'on respecte comme sujet, que l'on accepte dans sa différence constructive, que l'on n'exploite pas comme objet. Surmonter l'envie demande de revenir à une conception de l'autre accepté d'emblée dans sa différence et sa richesse, un autre auquel on se sent relié par un lien d'humanité. Transcender l'envie, c'est se poser la question de ce que l'on peut partager avec autrui plutôt que ce qu'on doit lui prendre.

BIBLIOGRAPHIE

Références incontournables

Alberoni F., *Les envieux,* éd. Plon, 1995.

Dupuy J.P., « Le signe et l'envie », in Dumouchel P., Dupuy J.-P. (éd.), *L'enfer des choses, René Girard et la logique de l'économie,* éd. du Seuil, 1979.

Frost P., *Toxic Emotions at Work,* Harvard Business School Press, 2003.

Girard R., *Mensonge romantique et vérité romanesque,* éd. Grasset, 1961.

Hassoun-Lestienne P. (éd.), *L'envie et le désir. Les faux-frères,* coll. "Morales", n° 24, éd. Autrement, 13-58, 1998.

Klein M., *Envie et gratitude et autres essais,* éd. Gallimard, 1968. (1re édition anglaise : *Envy and gratitude,* Hogarth Press, 1957.)

Salovey P. (éd.), *The Psychology of Envy and Jealousy,* The Guilford Press, 271-286. 1991.

Schoeck H., *L'envie. Une histoire du mal,* éd. Les Belles Lettres, 1995. (1re édition allemande : *der Neid,* 1966).

Stein M., « After Eden : Envy and the defences against anxiety paradigm », *Human Relations,* 53 (2), 193-212, 2000 b.

Autres références citées dans l'ouvrage

Adams J.S., « Inequity in social exchanges », in *Advances in experimental social psychology,* L. Berkowitz (éd.), vol. 2, New York Academic Press, 267-300, 1965.

Ashkanasy N.M., Hartel C.E, Zerbe W.J., *Emotions in the workplace: Research, theory and practice,* Quorum Books, 2000.

Aubert N., « Un individu paradoxal », in Aubert N. (éd.), *L'individu hypermoderne,* éd. Erès, 12-24, 2004.

Aubert N., de Gaulejac V., *Le coût de l'excellence,* éd. du Seuil, 1991.

Beauvois J.-L., Dubois N. , « The norm of internality in the explanation of psychological events », *European Journal of Social Psychology,* 18, 299-316, 1988.

Behm C.A. *L'envie et la déformation du désir,* www.enneagramme.com/Articles/ 2002/ EM_0205_a2.htm, 2002.

Berry M., *Une technologie invisible,* CRG, école Polytechnique, 1983.

Bloom M., Michel J.G., « The relationships among organizational context, pay, dispersion, and among managerial turnover », *Academy of Management Journal,* 45(1), 33-42, 2002.

Bourdieu P., *Homo academicus*, éd. de Minuit, 1984.

Brunsson N., Jacobsson B. (éd.), *A World of Standards,* Oxford University Press, 2000.

Cowherd D.M., Levine D.I., « Product Quality and Pay Equity between Lower-level Employees and Top Management : an Investigation of Distributive Justice Theory », *Administrative Science Quarterly,* 37, 302-320, 1992.

Cropanzano R. (éd.), *Justice in the Workplace : Approaching Fairness in Human Resource Management,* Lawrence Erlbaum, 1993.

De Gaulejac V., « Le sujet manqué. L'individu face aux contradictions de l'hypermodernité », in Aubert N. (éd.), *L'individu hypermoderne,* éd. Erès, 129-143, 2004.

Dejours C., *Le travail, usure mentale : essai de psychopathologie du travail,* éd. du Centurion, 1980.

DePaola H., « Envy, jealousy and shame », *International Journal of Psychoanalysis,* 82, 381-384, 2001.

Duffy M.K., Shaw J.D., « The Salieri syndrome : Consequences of envy in groups », *Small Group Research,* 31, 3-23, 2000.

Dumouchel P., « L'ambivalence de la rareté », in Dumouchel P., Dupuy J.-P. (éd.), *L'enfer des choses, René Girard et la logique de l'économie,* éd. du Seuil, 1979.

Eiguer A., *Le pervers narcissique et son complice,* éd. Dunod, 1996.

Enriquez E., *Les jeux du pouvoir et du désir dans l'entreprise,* éd. Desclée de Brouwer, 1997.

d'Estaintot V., Vidaillet B., « Le décideur en action : comportements et processus psychologiques », in B. Vidaillet, V. d'Estaintot et P. Abecassis (éd.), *La décision. Une approche pluridisciplinaire des processus de choix,* éd. de Boeck, 43-74, 2005.

Exline J.-J., Lobel M., « The perils of outperformance : Sensitivity about being the target of a threatening upward comparison », *Psychological Bulletin,* 125, 307-337, 1999.

Festinger L., « A theory of social comparison processes », *Human Relations,* 7, 117-140, 1954.

Folger R., Cropanzano R., *Organizational Justice and Human Resource Management,* Sage, 1998.

Foster G.M., « The anatomy of envy : a study in symbolic behaviour », *Current Anthropology,* 13 (2), 1972.

Girard R., *La violence et le sacré,* éd. Grasset, 1972.

Girard R., *Le bouc émissaire,* éd. Grasset, 1982.

Girard R., *La route antique des hommes pervers,* éd. Grasset, 1985.

Girard R., *Shakespeare : les feux de l'envie,* éd. Grasset, 1990.

Graen G., Uhl-Bien M., « Relationship-based approach to leadership : Development of leader-member exchange (LMX) theory of leadership over 25 years », *Leadership Quarterly,* 2, 219-247, 1995.

Greenberg J., Colquitt J.A. (éd.), *Handbook of Organizational Justice,* Lawrence Erlbaum Associates Publishers, 2005.

Halton W., « Some unconscious aspects of organizational life : Contributions from psychoanalysis », in Obholzer A., Roberts V.Z. (éd.), *The Unconscious at Work : Individual and Organizational Stress in the Human Services,* Routledge, 11-18, 1994.

Hammer M., Champy J., *Le reengineering,* éd. Dunod, 2000.

Hassoun-Lestienne P, « Malade d'envie », in Hassoun-Lestienne P. (éd.), *L'envie et le désir. Les faux-frères,* coll. "Morales", n° 24, éd. Autrement, 13-58, 1998.

Herzberg F., *Work and the Nature of Man,* The Mentor Executive Library, 1966.

Heyberger B., « L'envie au couvent », in Wilhelm F. (éd.), *L'Envie et ses figurations littéraires,* éd. universitaires de Dijon, 71-83, 2005.

Hirigoyen M.F., *Le harcèlement moral, la violence perverse au quotidien,* éd. Syros, 1998.

Hofstede G., « Cultural constraints in management theories », *Academy of Management Executives,* 7(1), 81-90, 1993.

Jenkins P., « Entretien », in *Paul Jenkins – Œuvres majeures,* catalogue de l'exposition, musée des Beaux-Arts de Lille, 2005.

Kant E., *Fondements de la métaphysique des mœurs* (1785), éd. du Livre de Poche, 1993.

Kets de Vries M.F., « L'envie, grande oubliée des facteurs de motivation en gestion », in Chanlat J.-F. (éd.), *L'individu dans l'organisation : les dimensions oubliées,* presses de l'université de Laval, éd. Eska, 297-310, 1990.

Kets de Vries M.F., *Combat contre l'irrationalité des managers,* Éditions d'Organisation, 2002.

Kiefer T., « Feeling bad : antecedents and consequences of negative emotions in ongoing change », *Journal of Organizational Behavior,* 26 (8), 875-897, 2005.

Kotter J.P., *A Force for Change : how Leadership Differs from Management,* Free Press, 1990.

Kotter J.P., Cohen D.S., *The heart of change,* Harvard Business School Press, 2002.

Lacan J., *Les formations de l'inconscient,* Séminaire inédit, 1957-1958.

Lacan J., « Le stade du miroir comme formateur de la fonction du "Je" telle qu'elle nous est révélée dans l'expérience psychanalytique », in *Écrits,* éd. du Seuil, 1966 a.

Lacan J., « De nos antécédents », in *Écrits,* éd. du Seuil, 1966 b.

Lacan J., « Introduction au commentaire de Jean Hyppolite sur la *Verneigung* de Freud », in *Écrits,* éd. du Seuil, 1966 c.

Lacan J., *Le Séminaire* – Le Moi dans la théorie de Freud et dans la technique de la psychanalyse, Livre 2, 1954-1955, coll. « Champ freudien », éd. du Seuil, 1978.

Lacan, J., *Le Séminaire – L'angoisse,* livre 10, 1962-1963, éd. du Seuil, 2004.

Leader D., *À quoi penses-tu ? Les incertitudes de l'amour,* éd. Odile Jacob, 1997.

Leroy M., *Force de vente : entre "bâton et carotte", qu'est-ce qui marche ?,* mémoire de master, Université de Lille 2, 2000.

Maslow A., *Motivation and Personality,* Harper, 1954.

Morris M.W., Peng K.P., « Culture and cause : American and Chinese attributions for social and physical events », *Journal of Personality and Social Psychology,* 67, 949-971, 1994.

Mouly V.S., Sankaran J.K., « The enactment of envy within organizations », *Journal of Applied Behavioral Science,* 38 (1), 36-57, 2002.

Pagès M., Bonetti M., de Gaulejac V., Descendre D., *L'emprise de l'organisation,* éd. PUF, 1979.

Parrott W.G., « The emotional experiences of envy and jealousy », in Salovey P. (éd.). *The Psychology of Envy and Jealousy,* The Guilford Press, 3-30, 1991.

Palazzi S., « Beyond competition : Excellence, psychic stakes and clinical effects », *Symposium of the International Society for the Psychoanalytical Study of Organisations,* 2006.

Parrott W.G., Smith R.H., « Distinguishing the experiences of envy and jealousy », *Journal of Personality and Social Psychology,* 64(6), 906-920, 1993.

Patient D., Lawrence T.B., Maitlis S, « Understanding workplace envy through narrative fiction », *Organization Studies*, 24(7), 1015-1044, 2003.

Payne R.L., Cooper C.L. (éd.), *Emotions at Work: Theory, Research and Applications in Management,* Wiley, 2001.

Pfeffer J., « The Human Equation : Building profits by putting people first », *Harvard Business School Press,* 1998.

Pfeffer J., Fong C.T., « The business school « business » : some lessons from the U.S. experience », *Journal of Management Studies*, 41, 1501-1520, 2004.

Pfeffer J., Langton N., « The effect of wage dispersion on satisfaction, productivity, and working collaboratively : evidence from college ad university faculty », *Administrative Science Quarterly,* 38(3), 382-407, 1993.

Pfeffer J., Sutton R.I., « Evidence-based management », *Harvard Business Review,* 84(1), 63-74, 2006.

Polizzi G., « L'"enfant désallaité" », in Wilhelm F. (éd.), *L'Envie et ses figurations littéraires,* éd. universitaires de Dijon, 119-143, 2005.

Prigent Y., *La cruauté ordinaire. Où est le Mal ?,* éd. Desclée de Brouwer, 2003.

Rawls J., *A Theory of Justice,* Harvard University Press, 1971.

Rey A. (éd.), *Dictionnaire historique de la langue française,* tome 1, éd. Le Robert, 1998.

Rhéaume J., « L'hyperactivité au travail : entre narcissisme et identité », in Aubert N. (éd.), *L'individu hypermoderne,* éd. Erès, 89-102, 2004.

Ritzer G., *The McDonaldization of Society,* Sage publications, 1996.

Rousseau J.J., *Émile ou de l'éducation,* 1762, éd. Flammarion, 1966.

Salovey, P., Rodin J., « Some antecedents and consequences of social comparison jealousy », *Journal of Personality and Social Psychology,* 47, 780-792, 1984.

Salovey P., Rodin J., « Envy and jealousy in close relationships », in Hendrick C. (éd.), *Review of Personality and Social Psychology,* vol. 10. « Close relationships », Sage, 221-246, 1989.

Salovey P., Rothman A.J., « Envy and Jealousy : Self and Society », in Salovey P. (éd.), *The psychology of Envy and Jealousy,* The Guilford Press, 271-286, 1991.

Schaubroeck J., Lam S.S.K., « Comparing lots before and after : Promotion rejectees'invidious reactions to promotees », *Organizational Behavior and Human Decision Processes,* 94, 33-47, 2004.

Schlapobersky J., « The language of the group : Monologue, dialogue and discourse in group analysis », in Brown D. et Zinkin L. (éd.), *The Psyche and the Social World: Developments in Group-Analytic theory,* Routledge, 211-231, 1994.

Silver M., Sabini J., « The social construction of envy », *Journal for the Theory of Social Behavior,* 8, 313-332, 1978 a.

Silver M., Sabini J., « The perception of envy », *Social Psychology Quarterly,* 41, 105-117, 1978 b.

Slovic P., Mac Phillamy D.J., « Dimensional Commensurability and Cue Utilization », *Comparative Judgment, Organizational Behavior and Human Performance,* 11, 172-194, 1974.

Smith R.H., « Envy and the sense of injustice », in Salovey P. (éd.). *The Psychology of Envy and Jealousy,* The Guilford Press, 79-99, 1991.

Smith R.H., Parrott W.G., Diener E., *The Development of a Scale for Measuring Enviousness,* Unpublished manuscript, 1990.

Smith R.H., Parrott W.G., Ozer D., Moniz A., « Subjective injustice and inferiority as predictors of hostile and depressive feelings in envy », *Journal of Personality and Social Psychology,* 20, 717-723, 1994.

Smith R.H., Parrott W.G., Diener E.F., Hoyle R.H., Kim S., « Dispositional envy », *Personality and Social Psychology Bulletin,* 25, 1007-1020, 1999.

Spinoza, *Éthique,* (1677), éd. du Seuil, 1988.

Spiro M., *Children of the Kibbutz,* Cambridge University Press, 1958.

Stein M., « "Winners" training and its trouble », *Personnel Review,* 29(4), 445-460, 2000 a.

Stern A.-L., *Le savoir déporté. Camps, histoire, psychanalyse,* éd. du Seuil, 2004.

Tesser A., Campbell J., « Self-definition : the impact of the relative performance and similarity of others », *Social Psychology Quarterly,* 43, 341-347, 1980.

Thévenet M., *Quand les petits chefs deviendront grands,* Éditions d'Organisation, 2004.

Vecchio R.P., « It's not easy being green : Jealousy and envy in the workplace », in Rowland K.R. et G Ferris.R. (éd.), *Research in Personal and Human Resource Management, JAI Press,* 13, 201-244, 1995.

Vecchio R.P., « Negative emotion in the workplace : Employee jealousy and envy », *International Journal of Stress Management,* 7, 161-179, 2000.

Vecchio R.P., « Explorations in employee envy : feeling envious and feeling envied », *Cognition and Emotion,* 19(1), 69-81, 2005.

Vidaillet B., *Le cas Tracta : perception, conflit et décision en entreprise,* Centrale des Cas et des Médias Pédagogiques, 2002.

Vidaillet B., « Exercice de sensemaking », in Bénédicte Vidaillet (éd.), *Le sens de l'action,* éd. Vuibert, 35-50, 2003.

Vidaillet B., « Competition, rivalry and envy at the workplace : a Lacanian perspective », *Symposium of the International Society for the Psychoanalytical Study of Organisations*, Amsterdam, 2006.

Vidaillet B., « The Lacanian theory's contribution to the study of workplace envy : a case study », à paraître.

Vroom V., *Work and Motivation*, John Wiley and Sons, 1964.

Weber H., *Du ketchup dans les veines – Pourquoi les employés adhèrent-ils à l'organisation chez McDonald's ?*, coll. « Sociologie clinique », éd. Erès, 2005.

Weick K., *Sensemaking in Organizations*, Sage Publications, 1995.

Weick K., Roberts K., « Collective Mind in Organizations : Heedful Interrelating on Flight Decks », *Administrative Science Quarterly*, 38, 357-381, 1993.

Wilhelm F., « La tristesse du bien d'autrui : une passion *oubliée* par la critique », in Wilhelm F. (éd.), *L'Envie et ses figurations littéraires*, éd. universitaires de Dijon, 5-18, 2005.

INDEX

www.ingramcontent.com/pod-product-compliance
Lightning Source LLC
Chambersburg PA
CBHW061211220326
41599CB00025B/4599